学前教育融合实践指南
探索与创新

邓艳华 ◎ 著

首都经济贸易大学出版社

Capital University of Economics and Business Press

·北 京·

图书在版编目（CIP）数据

学前教育融合实践指南：探索与创新 / 邓艳华著.
北京：首都经济贸易大学出版社，2025.7. -- ISBN
978-7-5638-3930-8

Ⅰ．G612

中国国家版本馆 CIP 数据核字第 2025KA8092 号

学前教育融合实践指南：探索与创新
XUEQIAN JIAOYU RONGHE SHIJIAN ZHINAN：TANSUO YU CHUANGXIN
邓艳华　著

责任编辑	韩　泽
封面设计	砚祥志远·激光照排　TEL：010-65976003
出版发行	首都经济贸易大学出版社
地　　址	北京市朝阳区红庙（邮编100026）
电　　话	（010）65976483　65065761　65071505（传真）
网　　址	https://sjmcb.cueb.edu.cn
经　　销	全国新华书店
照　　排	北京砚祥志远激光照排技术有限公司
印　　刷	唐山玺诚印务有限公司
成品尺寸	170 毫米 × 240 毫米　1/16
字　　数	189 千字
印　　张	11.5
版　　次	2025 年 7 月第 1 版
印　　次	2025 年 7 月第 1 次印刷
书　　号	ISBN 978-7-5638-3930-8
定　　价	45.00 元

图书印装若有质量问题，本社负责调换
版权所有　侵权必究

前言

从全球视角来看，教育融合的理念自提出以来，便在教育发展进程中不断扎根、生长。其核心要义在于，无论儿童是否存在特殊需求，都应享有平等接受优质学前教育的权利。这种教育模式致力打破传统教育体系中可能存在的壁垒与隔阂，为儿童营造一个包容、多元且充满关爱的学习与成长环境。在诸多发达国家，学前教育融合已经经历了较长时间的探索与实践，积累了丰富的经验。例如，丹麦通过完善的法律法规保障特殊儿童在学前阶段融入普通教育体系，为他们配备专业的支持团队；美国则开发了多样化的教育融合课程与教学方法，以满足不同儿童的学习需求。这些成功案例为世界各国的学前教育融合发展提供了宝贵借鉴，也促使更多国家积极投身于这一教育改革浪潮之中。

在我国，随着社会经济的快速发展、文明程度的显著提升以及教育理念的不断更新，人们对学前教育融合的重视程度也在不断提高。国家层面相继出台了一系列政策法规，为学前教育融合的发展提供了坚实的政策支撑与保障。如《"十四五"特殊教育发展提升行动计划》明确提出，到2025年要初步建立高质量的特殊教育体系，全面推进教育融合，促进普通教育、职业教育、医疗康复、信息技术与特殊教育的深度融合。各地政府也积极响应，加大对学前教育融合的资源投入，包括建设更多教育融合幼儿园、开展教师专业培训等。然而，在实践推进过程中，我国学前教育融合仍面临着诸多挑战与困境。

本书汇聚了众多学前教育融合领域专家学者、一线教育工作者多年的研究成果与实践经验，从理论基础到实践策略，从教育环境创设到课程教学实施，从师资培养到家园共育，全方位、多角度地对学前教育融合进行了深入剖析与探讨。我们希望本书能够为学前教育融合工作者们提供切实可行的操作指南，帮助他们解决实践中的"堵点"、"痛点"和"难点"；同时，也期望增进社会各界对学前教育融合的理解与支持，共同为每一个孩子创造一个公平、优质、包容的学前教育环境，让每一个孩子都能在学前阶段绽放出属于自己的独特光芒，为他们未来的发展奠定坚实的基础。

目录

第一章　学前教育融合的理论基础与时代意义 1

　第一节　学前教育融合的核心概念与内涵解析 1

　第二节　学前教育融合的理论溯源与发展脉络 11

　第三节　学前教育融合对儿童发展的价值体现 17

　第四节　社会发展对学前教育融合的新要求 20

第二章　学前教育融合的现状与挑战 23

　第一节　当前学前教育融合的主要模式与特点 23

　第二节　学前教育融合面临的现实问题 26

　第三节　教师在学前教育融合教学中面临的困境与需求 29

第三章　学前教育融合课程与教学创新实践 37

　第一节　教育融合背景下课程目标的多元设计 37

　第二节　差异化教学策略在学前教育融合中的应用 43

　第三节　游戏化教学促进幼儿融合发展的实践路径 50

　第四节　主题式实践融合课程的开发与实施案例 55

　第五节　幼儿园劳动教育的创新实践 61

　第六节　学前教育融合教学资源的整合与创新 71

第四章　学前教育融合环境创设与支持体系构建 78

　第一节　物理环境的适性化改造与融合设计 78

第二节 心理环境营造的影响与策略 85
第三节 家校社协同的学前教育融合支持网络 90
第四节 特殊需求幼儿个性化支持方案的制定 96

第五章 学前教育融合实践中的教师专业发展 106
第一节 教育融合背景下教师的角色定位与能力要求 106
第二节 学前教育融合教师培训体系的优化与创新 114
第三节 教师合作与教研共同体的建设路径 121
第四节 教师在学前教育融合中的反思与成长策略 127

第六章 学前教育融合实践的深化与推广路径 137
第一节 优秀教育融合实践案例的提炼与传播 137
第二节 创新教育融合模式的拓展与深化 141
第三节 家园社协同教育融合的优化与升级 146
第四节 学前教育融合资源的共享与共建 151
第五节 学前教育融合文化的培育与发展 156

第七章 学前教育融合的未来趋势与创新方向 160
第一节 新技术赋能学前教育融合的发展前景 160
第二节 国际化视野下学前教育融合的经验借鉴 167
第三节 学前教育融合可持续发展的路径探索 173

参考文献 177

第一章
学前教育融合的理论基础与时代意义

第一节 学前教育融合的核心概念与内涵解析

一、学前教育融合的定义

学前教育融合，是指在学前教育阶段，将具有不同背景、能力和需求的儿童，包括但不限于普通儿童、有特殊教育需求的儿童（如肢体残疾、智力障碍、学习困难、孤独症等儿童），安置于同一教育环境中，让他们共同参与学习、生活与游戏等活动。在这一过程中，通过整合特殊教育与普通教育的资源、方法和策略，为每一个儿童提供适宜的教育支持与服务，使他们能够在融合的环境中共享教育资源、相互学习、相互影响，实现身心的全面发展。

这一定义强调了几个关键要点：一是融合的对象具有多样性，涵盖了各类儿童，无论其是否存在身心发展障碍或特殊需求，都应被纳入教育融合的范畴，体现了教育公平和平等的理念，确保每一个儿童都享有接受优质学前教育的权利。二是融合的环境为同一学前教育机构，如幼儿园、早教中心等，在这样的环境中，儿童能够在自然、日常的情境下进行互动与交流，打破特殊教育与普通教育之间的壁垒，促进他们更好地适应社会和融入集体生活。三是融合的实现需要特殊教育与普通教育的紧密合作，这不仅要求教育者具备特殊教育和普通教育的双重知识与技能，还需要在课程设计、教学方法、教学组织形式等方面进行创新与整合，以满足不同儿童的个性化教育需求。四是融合的目标是促进所有儿童的全面发展，通过教育融合，特殊儿童

能够获得更多与普通儿童交往的机会，提高其社交能力、语言表达能力、认知能力等，普通儿童也能在与特殊儿童的互动中培养同理心、责任感和包容心，丰富自身的情感体验，促进自身社会性的发展。

例如，在一所开展学前教育融合的幼儿园中，既有普通儿童，又有几名患有孤独症的儿童。幼儿园通过合理的班级编排，将这些特殊儿童与普通儿童安排在同一个班级中。在日常教学中，教师会根据每个儿童的特点和需求制订个性化的教学计划，对于孤独症儿童，教师会采用更具针对性的教学方法，如利用图片交换沟通系统帮助他们进行交流，通过结构化教学法帮助他们建立规律的生活和学习习惯。同时，教师也会设计各种小组活动，鼓励普通儿童与孤独症儿童共同参与，如一起绘画、搭建积木等，让普通儿童在活动中学会关心和帮助他人，孤独症儿童则在与同伴的互动中逐渐提高社交能力和沟通能力。在这个过程中，幼儿园还会配备专业的特殊教育教师和康复治疗师，为孤独症儿童提供额外的支持和辅导，确保他们能够在融合的环境中得到充分的发展。

二、学前教育融合的内涵特征

（一）全纳与平等

学前教育融合深刻体现了全纳教育观，该观念的核心在于确保每个儿童，无论其是否存在特殊需求，都能平等地接受学前教育。在教育融合环境中，不存在对特殊儿童的歧视或排斥，他们与普通儿童一样，享有公平的教育机会，能够共同参与学前教育机构组织的各类活动，如课堂教学、游戏活动、生活实践等。这种平等不仅体现在参与机会上，还体现在教育资源的获取和分配上。例如，为特殊儿童提供与普通儿童相同的教学设施、教材教具等基本教育资源，同时根据特殊儿童的特殊需求，额外配备专业的康复设备、特殊教育教材等，以满足他们的个性化学习需求。

全纳教育观下的学前教育融合，消除了传统教育中对特殊儿童的隔离和边缘化，将特殊儿童视为教育体系中不可或缺的一部分，与普通儿童共同构成一个多元化的学习共同体。在这个共同体中，每个儿童的独特性都得到尊重和认可，他们在相互学习、相互交流中共同成长。这种教育模式有助于培养儿童的平等意识和包容精神，让普通儿童从小就学会接纳和尊重差异，理解每个人都有自己的特点和价值，从而为他们未来构建和谐、包容的社会奠定基础。

（二）个性化与支持

学前教育融合高度关注每个儿童的个体差异，尤其对于有特殊教育需求的儿童，强调为他们提供个性化的教育支持和服务。每个儿童都是独一无二的个体，具有不同的兴趣爱好、学习风格、认知水平和发展速度。特殊儿童由于其身心发展的特殊性，在学习和生活中往往面临更多的困难和挑战，因此需要更加精准、个性化的教育支持。

在学前教育融合实践中，教育工作者会通过专业的评估工具和方法，对特殊儿童的身心发展状况、学习能力、兴趣爱好等进行全面、深入的评估，在此基础上制订符合其个体需求的教育计划和教学方案。这些方案可能包括调整教学内容和进度，采用适合特殊儿童的教学方法和策略，如利用多媒体教学手段、游戏化教学方法等，以提高教学的趣味性和吸引力，增加特殊儿童的学习积极性和参与度；同时，还会为特殊儿童提供一对一的辅导、小组教学、康复训练等个性化服务，帮助他们克服学习和生活中的困难，促进其全面发展。例如，对于患有孤独症的儿童，教师可能会采用结构化教学法，为他们制定详细的日常活动时间表，帮助他们建立规律的生活和学习习惯；同时，通过社交技能训练、语言康复训练等个性化服务，提高他们的社交能力和语言表达能力。

（三）合作与交流

学前教育融合积极促进普通儿童与特殊儿童之间的合作与交流，鼓励他们共同学习、生活和游戏。这种合作与交流不仅有助于特殊儿童更好地融入集体生活，提高其社交能力和沟通能力，也能让普通儿童在与特殊儿童的互动中培养同理心、责任感和合作精神，丰富自身的情感体验，促进其社会性的发展。

在学前教育机构中，教师会设计各种合作性的活动和项目，如小组绘画比赛、故事表演、建构游戏等，让普通儿童与特殊儿童共同参与。在这些活动中，孩子们需要相互协作、相互支持，共同完成任务。例如，在小组绘画比赛中，普通儿童可以帮助特殊儿童选择颜色、勾勒线条，特殊儿童则可以发挥自己独特的想象力和创造力，为作品增添独特的元素。通过这样的合作，孩子们能够学会倾听他人的意见和建议，尊重他人的想法和感受，学会如何与他人合作解决问题，提高团队合作能力。教师还会鼓励孩子们在日常生活中相互关心、相互帮助，如在进餐、午休、户外活动等环节，引导普通儿童帮助特殊儿童穿衣、洗手、整理物品等，让特殊儿童感受到集体的温暖和关爱，同时也让普通儿童在帮助他人的过程中培养责任感和爱心。

三、学前教育融合与相关概念的辨析

（一）与传统学前教育的差异

学前教育融合与传统学前教育在多个方面存在显著差异，这些差异体现了学前教育融合在教育理念、教育方式和教育目标上的创新性与先进性。

在教育理念上，传统学前教育往往侧重于普通儿童的教育，关注的是儿童群体的共性发展，以统一的教学标准和方法进行教学。而学前教育融合秉持全纳与平等的理念，强调每一个儿童，无论其是否存在特殊需求，都应享有平等的受教育权利，尊重儿童的个体差异，致力于为所有儿童创造一个公平、包容的教育环境。例如，在传统学前教育中，教师可能会按照统一的教学大纲和进度进行教学，较少考虑个别儿童的特殊学习需求。而在学前教育融合中，教师会充分认识到每个儿童的独特性，根据特殊儿童的身心特点和学习能力，为他们制订个性化的教育计划，并提供针对性的教育支持。

在教育方式上，传统学前教育多采用集体教学的方式，教学内容和方法相对单一，难以满足不同儿童的多样化学习需求。而学前教育融合则强调多样化的教育方式，注重个别化教学与小组合作学习相结合。教师会根据特殊儿童的特殊需求，采用个别辅导、小组教学等方式，为他们提供更具针对性的教育服务。在课堂教学中，教师会设计各种小组活动，鼓励普通儿童与特殊儿童共同参与，通过合作学习，促进他们之间的交流与互动，提高特殊儿童的社交能力和学习效果。例如，在绘画课上，教师可能会为孤独症儿童提供更多的指导和帮助，引导他们表达自己的想法和感受；同时，组织小组绘画活动，让普通儿童与孤独症儿童合作完成作品，培养他们的团队合作精神

和沟通能力。

在教育目标上，传统学前教育主要关注儿童的认知发展和知识技能的培养，致力于为儿童进入小学做好准备。而学前教育融合的目标更为全面和多元，不仅注重儿童的认知发展，还高度重视儿童的社会情感发展、个性发展以及特殊儿童的康复与融入。通过教育融合，特殊儿童能够在与普通儿童的互动中，提高社交能力、增强自信心，更好地融入社会；普通儿童也能在这个过程中培养同理心、包容心和社会责任感。例如，在学前教育融合中，教师会通过各种活动和课程，培养特殊儿童的生活自理能力、社交能力和情绪管理能力，帮助他们更好地适应社会生活；同时，引导普通儿童理解和接纳特殊儿童，培养他们关爱他人、尊重差异的品质。

（二）与特殊教育的关联与区别

学前教育融合与特殊教育紧密相关，但也存在明显区别。二者的关联体现在，学前教育融合借鉴了特殊教育的理念和方法，旨在为有特殊教育需求的儿童提供适宜的教育支持。特殊教育经过长期的发展，积累了丰富的针对特殊儿童教育的理论和实践经验，如个别化教育计划、行为矫正方法、康复训练技术等，这些都为学前教育融合提供了重要的参考和借鉴。在学前教育融合实践中，常常会运用特殊教育的方法和策略，为特殊儿童制订个性化的教育计划，提供一对一的辅导和康复训练等，以满足他们的特殊教育需求。学前教育融合和特殊教育都以促进特殊儿童的全面发展为目标，致力于帮助特殊儿童克服身心发展障碍，提高他们的生活自理能力、学习能力和社会适应能力，使他们能够更好地融入社会。

然而，学前教育融合与特殊教育之间也存在一些区别。在教育环境方面，特殊教育通常在专门的特殊教育机构中进行，这些机构为特殊儿童提供了专门的教学设施、设备和专业的教育人员，教育环境相对封闭，主要针对特殊儿童群体。而学前教育融合则强调将特殊儿童安置在普通学前教育机构中，让他们与普通儿童共同学习和生活，教育环境更加自然和开放，注重特殊儿童与普通儿童之间的互动与交流。在教育对象范围上，特殊教育主要针对有明显身心发展障碍或特殊教育需求的儿童，如智力障碍、听力障碍、视力障碍、孤独症等儿童。而学前教育融合的对象不仅包括这些特殊儿童，还涵盖了普通儿童，旨在通过教育融合，促进所有儿童的共同发展。在教育内容和方法上，特殊教育的内容和方法更加侧重于特殊儿童的身心特点和特殊需求，强调补偿缺陷和发展优势，如针对盲童的盲文教学、针对聋童的手语教学和听力语言训练等。而学前教育融合虽然也关注特殊儿童的特殊需求，但在教育内容和方法上更加注重与普通学前教育的融合与衔接，强调在日常生活和学习中，通过自然的情境和活动，促进特殊儿童的全面发展。

四、社会发展需求对学前教育融合的促进

（一）学前教育融合的重要性

1. 社会多元化发展需求

在全球化进程日益加速的当下，多元文化交融已成为不可阻挡的时代潮流。不同国家、民族的文化相互碰撞、交流与融合，使得社会文化呈现出丰富多样的态势。这种多元文化的背景对学前教育融合提出了新的要求，学前教育融合需积极融入不同文化元素，致力于培养儿童的文化认同感和包容意识。

在学前教育融合实践中，融入多元文化元素至关重要。从课程设置来看，幼儿园可以设计多元文化主题课程，如"世界文化之旅"主题活动，通过故事、音乐、绘画、手工等形式，向儿童介绍不同国家和民族的文化特色，包括风俗习惯、传统节日、艺术形式等。在讲述中国春节时，可以向孩子们介绍春节的由来以及贴春联、包饺子等习俗，让他们感受中国传统文化的魅力；在介绍西方圣诞节时，可以讲解圣诞节的意义、圣诞老人的传说，以及装饰圣诞树、互赠礼物等庆祝方式。通过这样的课程设置，孩子们能够了解到世界文化的多样性，拓宽视野，增长见识。

在教学资源方面，幼儿园应积极收集和利用多元文化的图书、音像资料等教学资源。例如，提供来自不同文化背景的绘本，如日本的《活了100万次的猫》、美国的《大卫不可以》等，这些绘本不仅具有独特的艺术风格，还蕴含着不同文化的价值观和生活理念，孩子们在阅读过程中可以感受到不同文化的差异与魅力；播放不同国家的音乐，让孩子们在欢快的节奏中感受不同文化的音乐特色，如非洲音乐的热情奔放、欧洲古典音乐的优雅庄重等。通

过这些多元文化的教学资源，孩子们能够更直观地接触和了解不同文化，丰富他们的文化认知。

为培养儿童的文化认同感和包容意识，教师应引导儿童尊重和欣赏不同文化。在日常教学中，教师可以组织文化交流活动，让孩子们分享自己家庭的文化传统，如家庭的饮食习惯、独特的庆祝方式等。在活动中，教师要鼓励孩子们积极倾听他人的分享，引导他们理解和尊重不同家庭的文化差异，学会欣赏他人文化的独特之处。当有孩子分享自己家庭在少数民族节日中的庆祝方式时，教师可以引导其他孩子提问，了解节日的意义和特色，让孩子们在交流中增进对不同文化的了解和尊重。通过这样的活动，孩子们能够逐渐树立起文化平等的观念以及包容不同文化的意识，为他们未来在多元文化社会中和谐共处奠定基础。

2. 满足不同家庭背景儿童的需求

社会的多元化还体现在家庭背景的多样性上，不同家庭在经济状况、文化程度、教育观念等方面存在差异，这些差异会对儿童的发展产生影响。因此，学前教育融合需要深入探讨如何根据不同家庭背景儿童的特点和需求，提供个性化教育服务，促进教育公平。

在经济状况方面，家庭经济条件较好的儿童可能有更多机会接触丰富的教育资源，如参加各类兴趣班、通过旅行增长见识等。而家庭经济困难的儿童可能在教育资源获取上受到限制。对于这类儿童，学前教育机构可以提供一些免费或低成本的教育活动和资源，如设立图书角，提供丰富的图书供孩子们借阅；组织免费的兴趣小组活动，让孩子们能够参与自己感兴趣的活动，发展特长。一些社区幼儿园会与当地图书馆合作，定期组织孩子们去图书馆借阅图书，拓宽孩子们的阅读视野。此外，幼儿园还邀请志愿者为家庭经济困难的儿童提供免费的艺术、体育等兴趣课程，让他们也能享受到丰富的教育资源。

在文化程度较高的家庭，家长可能更注重孩子的早期教育，会采用科学的教育方法，如亲子阅读、游戏互动等，培养孩子的认知能力和学习兴趣。而在文化程度较低的家庭，家长可能缺乏科学的教育意识和方法，对孩子的教育关注不足。针对这种情况，学前教育机构应加强家园合作，开展家长教

育讲座和培训活动，提高家长的教育意识和能力。讲座内容涵盖儿童心理学、家庭教育方法、亲子沟通技巧等多个方面。这些讲座和培训能够帮助家长了解孩子的发展特点和需求，掌握科学的教育方法，从而更好地配合幼儿园的教育工作。一些幼儿园会定期邀请教育专家为家长举办讲座，解答家长在教育孩子过程中遇到的问题；还会组织家长经验分享会，让家长们相互交流教育心得，共同提高教育水平。

在教育观念上，有些家长注重孩子的学业成绩，希望孩子在幼儿园就能学习大量的知识和技能；有些家长则更注重孩子的身心健康和综合素质的培养。学前教育机构应充分了解家长的教育观念，与家长进行沟通和协商，制订符合不同孩子发展需求的教育计划。对于注重学业成绩的家长，教师可以向他们解释学前教育的特点和目标，强调在游戏和活动中培养孩子综合能力的重要性，引导家长关注孩子的全面发展；对于注重综合素质培养的家长，教师可以提供更多关于孩子身心健康和社会交往能力培养的建议和活动，共同促进孩子的成长。在制订教学计划时，教师可以根据不同家庭背景儿童的特点和需求，适当调整教学内容和方法，确保每个孩子都能在学前教育中得到适宜的发展。

（二）教育公平与质量提升的追求

1. 保障特殊儿童的教育权利

社会发展进程中，保障特殊儿童的教育权利是教育公平的核心议题之一，其重要性不容小觑。特殊儿童，包括肢体残疾、智力障碍、学习困难、孤独症等各类有特殊教育需求的儿童，他们同普通儿童一样，拥有平等接受高质量教育的权利。然而，在现实中，特殊儿童在接受教育时往往面临诸多障碍和挑战，这些障碍严重阻碍了他们受教育权利的实现，使得教育公平在特殊儿童群体中难以得到充分体现。

从历史发展来看，在过去很长一段时间里，特殊儿童被边缘化，难以获得与普通儿童同等的教育机会。许多特殊儿童被排除在正规教育体系之外，无法接受系统的教育。即使部分特殊儿童能够进入学校，也可能因为教育资源的不足、教师专业能力的欠缺以及社会观念的偏见等，无法得到适宜的教育支持和服务，导致他们的学习和发展受到极大限制。随着社会文明的进步和教育公平理念的深入人心，人们逐渐认识到特殊儿童教育权利保障的重要性，开始采取一系列措施来推动特殊儿童教育的发展。

从社会公平的角度而言，保障特殊儿童的教育权利是实现社会公平的必然要求。教育公平是社会公平的重要基石，特殊儿童是社会的一员，他们的教育权利得不到保障，将进一步加剧社会的不平等。特殊儿童在接受教育方面面临的困难，会导致他们在未来的就业、生活等方面处于劣势，难以融入社会，从而形成一个恶性循环。只有保障特殊儿童的教育权利，为他们提供公平的教育机会，才能打破这个恶性循环，促进社会的公平与和谐发展。

为切实保障特殊儿童的教育权利，需从多方面着手。首先，政策法规的完善是关键，政府应制定和完善相关法律法规，明确特殊儿童的教育权利和保障措施，加大对特殊教育的投入力度，确保特殊儿童能够获得充足的教育资源。《残疾人教育条例》的颁布实施，为特殊儿童的教育提供了法律依据和保障，明确规定了特殊儿童享有平等接受教育的权利，以及政府、学校、家庭等各方在特殊儿童教育中的责任和义务。其次，应加强师资队伍建设，提高教师的专业素养和教育教学能力，以便更好地满足特殊儿童的教育需求。通过开展特殊教育教师培训、提高特殊教育教师待遇等措施，吸引更多优秀人才投身特殊教育事业，为特殊儿童提供高质量的教育服务。最后，还需转变社会观念，消除对特殊儿童的偏见和歧视，营造包容、接纳的社会氛围。通过宣传教育、开展公益活动等方式，提高社会公众对特殊儿童的认识和理解，让更多人关注特殊儿童的教育问题，共同为特殊儿童创造良好的教育环境。

2. 提高学前教育融合的质量标准

随着社会对学前教育融合关注度的不断提高，提升学前教育融合的质量成为当务之急。学前教育融合质量的提升，不仅关系到特殊儿童的全面发展，也影响着普通儿童的成长以及整个学前教育体系的完善。为实现这一目标，需从多个维度入手，全面加强学前教育融合的质量建设。

建立科学的质量评估体系是提高学前教育融合质量的重要基础。该评估体系应涵盖多个方面，包括教育环境、教育教学活动、师资队伍、儿童发展等。在教育环境方面，评估指标可包括幼儿园的设施设备是否适合特殊儿童

使用，校园环境是否安全、舒适且具有包容性，班级布置是否有利于特殊儿童与普通儿童的互动交流，等等。在教育教学活动方面，应评估教学内容是否满足特殊儿童和普通儿童的不同需求，教学方法是否多样化且具有针对性，教学组织形式是否灵活，能够促进儿童之间的合作与交流，等等。师资队伍的评估则侧重于教师的专业素养，包括特殊教育知识和技能的掌握程度、教育教学能力、对儿童个体差异的关注和应对能力等。儿童发展的评估是关键，应通过对特殊儿童和普通儿童在认知、语言、社会交往、情感等方面的发展进行跟踪评估，了解学前教育融合对儿童发展的实际效果，为质量改进提供依据。例如，采用标准化的儿童发展评估量表，定期对儿童进行评估，分析评估数据，找出存在的问题和不足，及时调整教育教学策略，以提高教育质量。

加强师资培训是提高学前教育融合质量的核心举措。学前教育融合对教师提出了更高的要求，教师不仅要具备普通学前教育的知识和技能，还需掌握特殊教育的专业知识和方法。此外，应加大对学前教育教师的特殊教育培训力度，丰富培训内容和形式。培训内容涵盖了特殊儿童的心理特点和发展规律、个别化教育计划的制订与实施、特殊教育教学方法和策略、行为干预技术等多个方面。培训形式可以多样化，如开展集中培训、线上培训、实践指导、案例研讨等。在集中培训方面，邀请特殊教育专家进行专题讲座，系统传授特殊教育知识；在线上培训方面，利用网络平台，提供丰富的学习资源，方便教师随时随地学习；在实践指导方面，通过安排教师到特殊教育机构或开展教育融合的幼儿园进行实践学习，提高教师的实际操作能力；在案例研讨方面，组织教师对实际教学中的案例进行分析和讨论，分享经验和心得，共同提高教育教学水平。此外，还应建立教师专业发展支持体系，为教师提供持续的专业发展机会，鼓励教师不断学习和探索，提高自身的专业素养。

优化教育资源配置是提高学前教育融合质量的重要保障。教育资源的合理配置能够为学前教育融合提供良好的物质基础和支持条件。政府应加大对学前教育融合的投入，合理分配教育资源，确保特殊儿童能够获得充足的教育资源。在硬件设施方面，为幼儿园配备适合特殊儿童使用的教学设备、康复器材、无障碍设施等，为视力障碍儿童配备盲文教材、电子助视器等，为听力障碍儿童配备助听器、人工耳蜗调试设备、手语教学软件等，为肢体残疾儿童配备无障碍通道、专用桌椅等。在软件资源方面，提供丰富的特殊教育教材、图书、音像资料等教学资源，以及专业的特殊教育支持服务；同时，鼓励幼儿园与特殊教育机构、高校、科研单位等合作，整合资源，共同开展学前教育融合实践和研究，为学前教育融合提供专业的指导和支持。

第二节 学前教育融合的理论溯源与发展脉络

一、理论根基的探寻

（一）多元智能理论的支撑

多元智能理论由美国心理学家霍华德·加德纳（Howard Gardner）于1983年在其著作《智能的结构》中提出。该理论认为，人类的智能并非单一的、可测量的能力，而是由多种相对独立的智能组成的，包括语言智能、逻辑-数学智能、空间智能、身体-运动智能、音乐智能、人际智能、内省智能以及自然观察智能等。每个人都拥有这些智能，只是在不同个体身上，各种智能的发展水平和组合方式存在差异，这使得每个人都具有独特的认知方式和学习风格。

在学前教育融合中，多元智能理论为尊重儿童的独特性和多样性提供了重要依据。由于每个儿童的智能组合和发展特点各不相同，因此在教育过程中，不能采用单一的教育方法和评价标准来对待所有儿童。例如，对于语言智能较强的儿童，可以通过故事讲述、诗歌朗诵等活动来激发他们的学习兴趣和潜能；而对于身体-运动智能突出的儿童，则可以组织体育游戏、舞蹈表演等活动，让他们在运动中学习和成长。学前教育融合强调通过多样化的教育活动，为儿童提供丰富的学习体验，以满足不同智能类型儿童的需求，从而发掘和培养他们的多种智能。在幼儿园的日常教学中，可以设计涵盖多种智能领域的主题活动，如以"春天"为主题，开展绘画（空间智能）、种植植物（自然观察智能）、唱歌跳舞（音乐智能和身体-运动智能）、讲述春天的故事（语言智能）等活动，让每个儿童都能在活动中找到自己擅长的领域，发挥优势，实现全面发展。

（二）全纳教育理论的引领

全纳教育理论兴起于20世纪90年代，其核心主张是所有儿童，无论其身体、智力、社会、情感、语言或其他状况如何，都应享有接受高质量教育的权利。全纳教育理论强调减少教育中的歧视和排斥，倡导创建一个包容性的教育环境，让所有儿童都能在其中共同学习和成长，充分发挥自己的潜力。

学前教育融合深受全纳教育理论的引领。在学前教育阶段，全纳教育理论要求幼儿园和教师接纳所有儿童，包括有特殊教育需求的儿童，摒弃对特殊儿童的偏见和歧视，要为所有儿童提供平等的教育机会和资源，确保他们能够参与幼儿园的各项活动。为了实现这一目标，学前教育融合注重营造包容、接纳的教育氛围，鼓励普通儿童与特殊儿童相互交流、合作，共同完成学习任务和游戏活动。在课堂教学中，教师会采用小组合作学习的方式，将普通儿童和特殊儿童分成一组，让他们在合作中相互学习、相互帮助，培养团队合作精神和社交能力。教师还会根据特殊儿童的特殊需求，提供个性化的教育支持和服务，如为视力障碍儿童配备盲文教材和辅助设备、为听力障碍儿童提供手语翻译等，确保他们能够在融合的环境中获得适宜的教育。

（三）发展心理学理论的指导

发展心理学理论主要关注儿童心理发展的规律、特点和影响因素，强调儿童发展具有阶段性特征和个体差异。在儿童的成长过程中，不同年龄段的儿童在认知、情感、社会交往等方面具有不同的发展水平和需求；同时，即使处于同一年龄段的儿童，受遗传、环境等因素的影响，其发展也存在个体差异。

学前教育融合遵循发展心理学理论，在教育实践中充分考虑儿童发展的阶段性和个体差异，根据儿童的年龄特点和认知发展水平，设计适合不同年龄段儿童的教育活动和课程内容。对于小班幼儿，由于他们的认知能力有限，注意力集中时间较短，教育活动应以直观、形象、趣味性强的游戏为主，如角色扮演游戏、简单的拼图游戏等，通过游戏培养他们的基本生活技能和认知能力。而对于大班幼儿，随着他们认知能力的提高，可以开展一些具有挑战性的活动，如科学实验、故事创编等，以促进他们的思维发展和创造力培养。此外，应关注儿童的个体差异，为每个儿童制订个性化的教育计划，通过观察、评估等方式，了解每个儿童的兴趣爱好、学习风格和发展水平，根据这些特点为他们提供有针对性的教育支持和指导。对于学习能力较强的儿童，可以提供一些拓展性的学习任务，满足他们的求知欲；对于学习困难的儿童，则给予更多的关注和辅导，帮助他们克服困难，逐步提高学习能力。

（四）生态系统理论的影响

生态系统理论由美国心理学家尤里·布朗芬布伦纳（Urie Bronfenbrenner）提出，该理论强调个体的发展是在与周围环境的相互作用中实现的。个体所处的环境包括微观系统、中观系统、外层系统和宏观系统。微观系统是指个体直接接触的环境，如家庭、学校、幼儿园等；中观系统是指微观系统之间的联系和相互作用，如家庭与学校之间的关系；外层系统是指个体并未直接参与但对其发展产生影响的环境，如父母的工作环境、社区资源等；宏观系统则是指个体所处的文化、社会价值观、法律政策等大的社会环境。

在学前教育融合中，生态系统理论的影响体现为注重营造良好的教育生态环境，促进儿童与家庭、社区的互动与合作。家庭作为儿童成长的第一环境，对儿童的发展具有至关重要的影响。学前教育融合强调家园合作，鼓励家长积极参与幼儿园的教育活动，与教师保持密切沟通，共同关注儿童的成长和发展。幼儿园可以通过家长会、亲子活动、家长志愿者等形式，加强与家长的联系与合作，让家长了解幼儿园的教育理念和教学内容，共同为儿童创造良好的家庭和学校教育环境。社区资源也是儿童发展的重要支持，幼儿园可以充分利用社区的图书馆、博物馆、公园等资源，开展丰富多彩的教育活动，拓宽儿童的视野，丰富他们的学习体验。例如，组织儿童参观博物馆，了解历史文化知识；在公园开展自然观察活动，培养儿童对自然的热爱和观察力。通过加强儿童与家庭、社区的互动与合作，为儿童的发展提供全方位的支持，促进他们在融合的教育环境中健康成长。

二、发展历程梳理

（一）起源与早期探索

学前教育融合起源于20世纪90年代的欧洲，其出现是对传统特殊教育模式的反思与突破。在过去，特殊儿童往往被安置在专门的特殊教育机构中，与普通儿童隔离，这种教育方式虽然在一定程度上满足了特殊儿童的特殊教育需求，但导致他们与社会的隔离，使其难以融入主流社会。随着社会文明的进步和教育理念的更新，人们逐渐认识到特殊儿童具有与普通儿童共同学习和成长的权利，学前教育融合的理念应运而生。

在早期探索阶段，部分欧洲国家率先开始尝试将特殊儿童与普通儿童安置在同一学前教育机构中，共同接受教育。这些国家的教育工作者们面临着诸多挑战，比如如何满足特殊儿童的特殊教育需求、如何促进特殊儿童与普通儿童之间的互动与交流、如何培训教师以适应教育融合的要求等。他们通过不断的实践与探索，逐渐积累了一些经验。例如，在教学方法上，采用个别化教育计划，根据每个特殊儿童的特点和需求，制定个性化的教育方案；在教学组织形式上，尝试小组合作学习，让特殊儿童与普通儿童在小组活动中相互学习、相互帮助。早期的学前教育融合实践虽然规模较小，且面临诸多困难，但为后续的发展奠定了基础，开启了学前教育融合的新篇章。

（二）发展与逐步推广

随着时间的推移，学前教育融合在全球范围内逐渐得到推广。越来越多的国家开始认识到学前教育融合的重要性，并积极采取措施推动其发展。各国在实践过程中不断积累经验，完善教育模式和相关政策。

在教育模式方面，逐渐形成了多种融合模式。例如，美国的"资源教室模式"，在普通幼儿园中设立资源教室，为特殊儿童提供专门的教育支持和辅导；澳大利亚的"合作教学模式"，普通教师与特殊教育教师合作，共同为特殊儿童和普通儿童授课。这些模式各具特色，根据不同国家和地区的实际情况，满足了特殊儿童多样化的教育需求。

在政策方面，各国纷纷出台相关法律法规，为学前教育融合提供政策支持和法律保障。美国 1975 年颁布《所有残疾儿童教育法》，规定所有 3~21 岁残疾人可接受免费且适当的公立教育，为将学前残疾儿童纳入教育体系提供了法律依据。此后，美国又多次对该法案进行修订，不断完善学前教育融合的政策体系。其他国家如英国、日本等也都制定了相应的政策法规，推动学前教育融合的发展。

除了教育模式和政策的完善，教师培训也得到了重视。各国开始加强对学前教育教师的特殊教育知识和技能培训，提高他们应对教育融合挑战的能力。一些国家还设立了专门的特殊教育教师岗位，为学前教育融合提供专业的师资支持。通过这些努力，学前教育融合在全球范围内得到了更广泛的推广和应用，为更多特殊儿童提供了平等接受教育的机会。

（三）现状与当前态势

当前，学前教育融合已成为全球特殊教育发展的重要趋势。各国政府、教育机构和家长越来越重视学前教育融合的实施，不断加大投入和支持力度。许多国家将学前教育融合纳入国家教育发展战略，制订了明确的行动计划和发展目标。

在教育资源配置上，不断加大对学前教育融合的投入，改善教学条件，为特殊儿童提供更加适宜的学习环境。

在师资队伍建设方面，持续加强对学前教育融合教师的培养和培训，以提升教师的专业素养和教育教学能力。一些国家还建立了教师专业发展体系，为教师提供持续的专业支持和发展机会；同时，教育研究机构也加大了对学前教育融合的研究力度，不断探索和创新教育方法和模式，为实践提供科学的理论指导。

随着科技的不断进步，信息技术在学前教育融合中得到了广泛应用。互联网、多媒体、人工智能等技术手段为特殊儿童提供个性化的学习资源和远程支持服务，打破了时间和空间的限制，提高了教育的可及性和有效性。尽管学前教育融合取得了显著进展，但在实践中仍面临一些挑战，如教育资源分配不均衡、教师专业素养有待提高、社会观念的转变仍需加强等。未来，需要各国政府、教育机构、家庭和社会各界共同努力，进一步推动学前教育融合的发展，为每一个儿童创造更加公平、包容和优质的教育环境。

三、我国学前教育融合的发展现状与特色

近年来，我国学前教育融合取得了显著的发展成果。

政策支持力度不断加大，国家陆续出台了一系列政策文件，对学前教育融合工作提出明确要求，并加强了相关制度建设。教育部等部门印发的《"十四五"特殊教育发展提升行动计划》中明确提出："持续提高残疾儿童义务教育普及水平。以县级为单位健全残疾儿童招生入学联动工作机制，依据有关标准对残疾儿童身体状况、接受教育和适应学校学习生活能力进行全面规范评估，适宜安置每一名残疾儿童。"

各地政府也积极响应，推出了一系列具体的实施方案和指导性文件，为学前教育融合的开展提供了政策保障。这些政策文件从宏观层面明确了学前教育融合的发展方向和目标，为学前教育融合的实践提供了政策依据和支持。

实践探索方面，越来越多的幼儿园开始尝试开展学前教育融合工作，通过实施整体性教育计划、提供个性化的教育支持、加强教师培训等措施，努力满足儿童的多元教育需求。一些幼儿园积极与特殊教育学校合作，开展资源共享和教师交流活动，提高了学前教育融合的质量和效果。许多幼儿园还注重营造包容、接纳的教育氛围，通过开展主题活动、小组合作学习等方式，促进特殊儿童与普通儿童之间的交流与互动。

我国的学前教育融合还具有鲜明的中国特色，注重结合本土文化和教育传统，强调在学前教育融合中培养儿童的民族认同感和文化自豪感。在课程设置和教学活动中，融入中国传统文化元素，如传统节日、民间艺术等，使儿童在学习和生活中感受和传承本土文化。我国还强调家庭和社区在学前教育融合中的重要作用，积极推动家园合作和社区参与，如通过家长会、亲子活动、家长志愿者等形式，加强家庭与幼儿园之间的沟通与合作，共同关注儿童的成长和发展；充分利用社区资源，如社区图书馆、博物馆、公园等，开展丰富多彩的教育活动，拓宽儿童的视野，丰富他们的学习体验。

第三节 学前教育融合对儿童发展的价值体现

一、促进特殊儿童的全面发展

（一）社会交往能力提升

在教育融合环境中，特殊儿童与普通儿童的互动交流为其社会交往能力的提升提供了广阔空间。以孤独症儿童小明为例，他在进入开展教育融合的幼儿园之前，几乎不与他人交流，总是沉浸在自己的世界里。进入幼儿园后，在教师的引导下，他开始参与各种小组活动，如在手工课上，小明与其他小朋友一起制作手工艺品。起初，小明只是在一旁观看，很少参与讨论和协作。但随着活动的开展，教师鼓励其他小朋友主动与小明交流，邀请他一起选择材料、完成制作步骤。慢慢地，小明开始回应同伴的邀请，与他们一起分享材料，交流制作过程中的想法。在这个过程中，小明逐渐学会了如何发起和维持对话以及理解他人的意图和情感，社交能力得到了显著提升。经过一段时间的教育融合，小明不仅能够在小组活动中积极参与，还能在日常生活中主动与其他小朋友打招呼、一起玩耍，自信心也大大增强。这种教育融合环境下的互动交流，让特殊儿童有机会在自然的情境中学习社交技能，逐渐克服社交障碍，更好地融入社会。

（二）认知与学习能力发展

教育融合为特殊儿童提供了多样化的学习机会和丰富的教育资源，极大地促进了他们认知与学习能力的发展。在实施教育融合的幼儿园中，课程设置更加多元化，涵盖了健康、语言、艺术、科学等多个领域，满足了特殊儿童不同的学习需求。例如，对于智力障碍儿童小红，教师根据她的认知水平和学习特点，采用了游戏化教学方法。在数学活动中，教师通过玩数字卡片游戏，让小红在轻松愉快的氛围中认识数字、学习简单的加减法。在科学活动中，教师组织小朋友们一起进行简单的实验，如观察植物的生长过程，小红在参与实验的过程中，不仅学习到了科学知识，还提高了观察能力和动手能力。教育融合环境中的同伴学习也对特殊儿童的认知发展起到了促进作用。特殊儿童可以从普通儿童身上学习到不同的思维方式和解决问题的方法，拓

宽自己的认知视野。在一次绘画活动中，小红看到其他小朋友用不同的颜色和线条表达自己的想法，受到启发，也开始尝试用更多的色彩和更丰富的线条来创作自己的作品，创造力和想象力得到了激发。通过多样化的学习机会和丰富的教育资源，特殊儿童在教育融合环境中能够不断挑战自我，提高认知与学习能力。

（三）对情感与心理产生积极影响

教育融合环境给予特殊儿童的支持和关爱，对其情感发展和心理健康产生了深远的积极影响。在教育融合中，特殊儿童感受到自己与其他小朋友一样被接纳和尊重，从而减少了因自身特殊需求而产生的自卑、焦虑等心理问题。以患有听力障碍的儿童小刚为例，在实施教育融合的幼儿园里，教师和小朋友们通过学习简单的手语与小刚进行交流，让他感受到自己是班级的一员，没有被孤立。在一次运动会上，小朋友们主动邀请小刚一起参加接力比赛，大家相互鼓励、相互支持，最终完成了比赛。这次经历让小刚感受到了团队的力量和同伴的关爱，自信心得到了极大的提升，原本内向、自卑的他变得开朗、自信起来。教育融合还为特殊儿童提供了情感表达和宣泄的渠道，帮助他们更好地管理自己的情绪。在课堂讨论和小组活动中，特殊儿童可以表达自己的想法和感受，得到同伴与教师的回应和支持，从而学会正确处理自己的情绪，促进心理健康发展。

二、对普通儿童产生积极影响

（一）培养共情与包容心

在学前教育融合环境中，普通儿童有更多机会与特殊儿童接触和互动，从而学会理解和关心他人，培养出共情能力和包容心态。以某幼儿园开展的教育融合活动为例，在一次角色扮演游戏中，普通儿童小李和患有智力障碍的小张一组，分别扮演医生和病人的角色。起初，小李对小张的一些行为感到困惑，比如小张总是记不住台词，动作也有些迟缓。但在老师的引导下，小李开始尝试理解小张的困难，耐心地重复台词，帮助小张完成游戏。在这个过程中，小李逐渐体会到小张在学习和生活中可能面临的挑战，对他的态度也从最初的好奇转变为关心和包容。通过与小张的互动，小李学会了站在他人的角度思考问题，理解他人的感受，共情能力得到了显著提升。在日常生活中，小李也会主动帮助小张，比如在课间休息时，会陪小张一起玩耍，教他玩一些简单的游戏。这种与特殊儿童的相处经历，在普通儿童幼小的心灵中种下了共情与包容的种子，使他们能够更加理解和接纳不同的个体，为未来构建和谐、包容的社会奠定了良好的基础。

（二）增强社会责任感

在教育融合中，普通儿童通过与特殊儿童的互动，逐渐意识到帮助他人的重要性，从而增强了社会责任感，树立了正确的价值观。在一所实施教育融合的幼儿园里，当普通儿童小王看到患有孤独症的小赵在集体活动中总是显得很孤单时，他主动邀请小赵一起参加游戏。在游戏过程中，小王耐心地引导小赵，帮助他理解游戏规则，鼓励他积极参与。其他小朋友看到小王的行为后，也纷纷加入，大家一起帮助小赵更好地融入集体。通过这次经历，小王深刻体会到，自己的一个小小举动能够给他人带来很大的改变，从而意识到帮助特殊儿童是自己的责任。在之后的学习和生活中，小王更加关注特殊儿童的需求，积极参与各种帮助特殊儿童的活动，如为特殊儿童制作手工礼物、陪他们一起阅读等。这种在教育融合中培养起来的社会责任感将伴随普通儿童的成长，使他们在未来的社会生活中能够主动关心他人，为社会的和谐发展贡献自己的力量。

（三）促进全面发展

教育融合为普通儿童提供了更丰富的学习体验，促进了他们在品德、智力、体质等方面的全面发展。在教育融合环境中，普通儿童与特殊儿童的互动交流丰富了他们的情感体验，培养了他们的合作精神、沟通能力和解决问题的能力，这些都是品德发展的重要组成部分。在一次小组合作绘画活动中，普通儿童和特殊儿童共同完成一幅画作。在讨论绘画主题和分工时，大家各抒己见，普通儿童需要学会倾听特殊儿童的想法，尊重他们的意见，通过沟通和协商达成共识。在绘画过程中，遇到困难时，大家一起想办法解决，共同克服困难。通过这样的活动，普通儿童学会了合作、分享和尊重，品德修养得到了提升。

教育融合还能激发普通儿童的学习兴趣和创造力，促进他们的智力发展。

特殊儿童的思维方式和行为习惯往往与普通儿童不同，这种差异能够给普通儿童带来新的启发和思考。在一次科学实验课上，特殊儿童提出了一个独特的实验设想，这激发了普通儿童的好奇心和探索欲，大家一起进行实验，验证设想。在这个过程中，普通儿童的思维得到了拓展，学习兴趣更加浓厚，创造力也得到了发挥。

在体育活动中，普通儿童与特殊儿童一起参与，能够培养他们的团队协作精神和竞争意识，促进他们的体质发展。在幼儿园的运动会上，普通儿童和特殊儿童组成团队，共同参加接力比赛、拔河比赛等项目。在比赛中，大家相互鼓励、相互支持，为了团队的荣誉而努力拼搏。这种团队活动不仅锻炼了普通儿童的身体素质，还培养了他们的团队合作精神和竞争意识，促进了他们的全面发展。

第四节　社会发展对学前教育融合的新要求

一、国家政策的引领与推动

国家政策在学前教育融合的发展进程中发挥着至关重要的引领与推动作用，是学前教育融合得以顺利开展和不断推进的重要保障。近年来，我国政府高度重视学前教育融合，出台了一系列相关政策文件，为学前教育融合的发展指明了方向，提供了政策支持和法律保障。

《"十四五"特殊教育发展提升行动计划》是推动学前教育融合发展的重要政策文件。该计划明确提出要"推进融合教育"，强调以适宜融合为目标，拓展学段服务，将学前教育融合纳入特殊教育发展的重要范畴。在学前教育融合的目标设定上，该计划指出要扩大普惠性学前教育融合资源，鼓励普通幼儿园接收残疾儿童，提高残疾儿童学前三年入园率。这一目标的设定，旨在让更多的特殊儿童能够享受到普惠性的学前教育资源，使其在融合的环境中接受教育，促进其身心全面发展。

在具体措施方面，《"十四五"特殊教育发展提升行动计划》提出了多项具有针对性和可操作性的举措。例如，加强特殊教育教师队伍建设，要求高校和职业院校增设学前教育融合专业或课程，对教育人才进行职前-职后的统整性培养，打造教育融合的"通才"。通过加强师资培养，提高教师的教育融合素养和专业能力，确保他们能够更好地应对学前教育融合中的各种挑战，为特殊儿童提供高质量的教育服务。又如，完善特殊教育保障机制，加大对学前教育融合的投入，支持幼儿园建设特殊教育资源教室，配备专业的康复设备和教育资源。这一措施为学前教育融合提供了坚实的物质基础，改善了特殊儿童的学习环境，使他们能够在教育融合中获得更多的支持和帮助。再如，鼓励开展学前教育融合研究，探索适合特殊儿童的教育模式和方法，以提高学前教育融合的质量。通过开展研究，不断总结经验，创新教育模式，为学前教育融合的实践提供科学的理论指导，推动学前教育融合向更高水平发展。

除了《"十四五"特殊教育发展提升行动计划》，国家还出台了其他相关政策文件，如《残疾人教育条例》《关于加快发展残疾人职业教育的若干意见》等，这些政策文件从不同角度对学前教育融合进行了规范和支持，形成了较为完善的政策体系。《残疾人教育条例》明确规定了残疾儿童享有平等接受教育的权利，为学前教育融合提供了法律依据；《关于加快发展残疾人职业教育的若干意见》则强调了早期干预和学前教育的重要性，为学前教育融合与后续教育的衔接提供了指导。

二、完善支持体系的具体措施

为了切实保障学前教育融合的发展，需要从多个方面完善支持体系，健全工作机制、强化督导评估等措施至关重要。

（一）健全工作机制

建立学前教育融合的招生机制，以确保特殊儿童能够顺利进入普通幼儿园接受教育。幼儿园应按照就近入学的原则，接收本区域内的特殊儿童，并为他们提供适宜的教育环境和教育服务。完善家园合作机制，加强幼儿园与特殊儿童家庭之间的沟通与联系。幼儿园应定期召开家长会，向家长介绍学前教育融合的理念、目标和实施情况，了解特殊儿童在家的表现和需求，共

同制订教育计划和干预措施。组织家长参加培训和学习活动，旨在提高家长的教育意识和能力，促进家园共育。建立特殊教育资源共享机制，整合区域内的特殊教育资源，实现资源的优化配置。鼓励特殊教育学校与普通幼儿园之间开展合作交流，共享教育教学资源、师资资源和康复设备等，提高资源的利用效率。

（二）强化督导评估

建立科学合理的学前教育融合督导评估指标体系，从教育环境、教育教学、师资队伍、儿童发展等方面对幼儿园的教育融合工作进行全面评估。在教育环境方面，需要评估幼儿园的设施设备是否适合特殊儿童使用，校园环境是否安全、舒适且具有包容性；在教育教学方面，需要评估教学内容是否满足特殊儿童和普通儿童的不同需求，教学方法是否多样化且具有针对性；在师资队伍方面，需要评估教师的专业素养和教育融合能力是否达到要求；在儿童发展方面，需要评估特殊儿童和普通儿童在认知、语言、社会交往、情感等方面的发展情况。定期开展督导评估工作，对评估结果进行公示和反馈，对表现优秀的幼儿园给予表彰和奖励，对存在问题的幼儿园提出整改意见和建议，并跟踪整改落实情况。通过强化督导评估，促进幼儿园不断改进和完善教育融合工作，提高学前教育融合的质量和水平。

第二章
学前教育融合的现状与挑战

第一节 当前学前教育融合的主要模式与特点

一、全纳式教育模式

全纳式教育模式是一种先进的教育理念与实践模式,其核心要义在于接纳所有儿童,无论他们在身体、智力、社会、情感、语言等方面存在何种差异,都应享有平等接受教育的权利。这一模式坚决反对任何形式的歧视与排斥,致力于为每一个儿童创造一个公平、包容且无障碍的学习环境。在全纳式教育模式的视野中,每一个儿童都是独一无二的个体,都具备无限的发展潜力,教育的使命就是为他们提供适宜的支持与引导,助力他们充分发挥自身潜能,实现全面发展。

(一)全纳式教育模式强调教育的公平性与多样性

公平性体现在确保所有儿童,包括残疾儿童、学习困难儿童、少数民族儿童等特殊群体,都能毫无差别地进入普通幼儿园,参与丰富多样的教育活动,获取优质的教育资源。多样性则表现为尊重每个儿童的独特学习风格、兴趣爱好和发展节奏,采用多元化的教学方法、课程设置以及评价方式,以满足不同儿童的特殊需求。教师在教学过程中,会根据儿童的个体差异,灵活运用游戏教学法、情境教学法、个别化教学法等多种教学方法,激发儿童的学习兴趣,提高学习效果。课程不仅涵盖了语言、数学、科学等基础领域,还融入了艺术、体育、社会交往等多元内容,以促进儿童的全面发展。

（二）全纳式教育模式注重儿童的社会融合与情感发展

通过与普通儿童共同学习和生活，特殊儿童能够更好地融入社会，提高社交能力和情感认知能力。在这个过程中，普通儿童也能学会理解、尊重和包容他人的差异，形成强烈的社会责任感和同理心。在日常的集体活动中，教师会引导儿童相互合作、相互帮助，共同完成任务，让他们在互动中建立友谊，增强彼此之间的理解与信任，从而营造出一个和谐、温暖的学习氛围。

二、支持式教育模式

支持式教育模式是一种以满足特殊儿童特殊需求为核心的教育模式，强调为特殊儿童提供有针对性的支持与帮助，以促进其在普通学前教育环境中更好地学习与发展。这种模式充分认识到特殊儿童在学习、生活等方面存在的独特困难和需求，通过整合多种教育资源，为特殊儿童量身定制个性化的教育方案。

（一）专业支持

专业支持主要指特殊教育教师、康复治疗师、心理咨询师等专业人员为特殊儿童提供的专业服务。特殊教育教师运用专业知识和技能，根据特殊儿童的个体差异，制订个别化教育计划，调整教学内容和方法，以适应特殊儿童的学习节奏和特点。康复治疗师针对特殊儿童的身体机能障碍，如运动障碍、语言障碍等，进行康复训练，帮助他们恢复身体功能。心理咨询师则关注特殊儿童的心理健康，为他们提供心理辅导和支持，帮助他们应对学习和生活中的压力与挑战。

（二）资源支持

幼儿园会设置专门的特殊教育资源教室，里面配备丰富多样的特殊教育教具、教材以及先进的教学设备，如智能教学辅助工具、无障碍学习设施等，为特殊儿童提供良好的学习条件。幼儿园还会整合社会资源，与医疗机构、康复机构、公益组织等建立合作关系，共同为特殊儿童提供全方位的支持与服务。通过与医疗机构合作，幼儿园可以及时获取特殊儿童的健康状况信息，为教育干预提供依据；与康复机构合作，能够为特殊儿童提供更专业的康复训练服务；与公益组织合作，则可以争取更多的教育资源和资金支持。

三、合作式教育模式

合作式教育模式是一种强调多方合作、协同育人的学前教育融合模式。它以幼儿园为核心，积极联合家庭、社区以及专业机构等多方力量，共同为特殊儿童与普通儿童提供全面、优质的教育服务。这种模式充分认识到学前教育融合是一个系统工程，需要各方资源的整合与协同合作，从而为儿童创造良好的教育环境，促进他们的全面发展。

（一）幼儿园

幼儿园教师不仅要具备扎实的学前教育专业知识，还要掌握一定的特殊教育知识和技能，以便能够在日常教学中关注到特殊儿童的特殊需求，为他们提供适当的支持与引导。幼儿园会定期组织教师参加特殊教育培训，学习特殊儿童的心理特点、教育方法以及个别化教育计划的制订等内容，提高教师的教育融合能力。

（二）家庭

家长是孩子的第一任老师，对孩子的成长有着深远的影响。在学前教育融合过程中，家长需要积极参与教育活动，与幼儿园保持密切沟通，共同关注孩子的发展。家长可以通过参加家长会、亲子活动等方式，了解孩子在幼儿园的学习和生活情况，与教师共同探讨教育方法和策略。家长还可以在家中为孩子提供个性化的教育支持，如根据孩子的兴趣爱好，开展亲子阅读、手工制作等活动，促进孩子的全面发展。

（三）社区

社区拥有丰富的教育资源，如图书馆、博物馆、公园等，这些资源可以为学前教育融合提供多样化的学习场所和机会。幼儿园可以与社区合作，组织儿童参观博物馆，让他们了解历史文化知识；在公园开展自然观察活动，培养他们的观察力和探索精神。社区还可以提供志愿者服务，为特殊儿童提供一对一的辅导和帮助，促进他们的学习和成长。

（四）专业机构

特殊教育机构、康复机构、心理咨询机构等专业机构拥有专业的人才和资源，能够为学前教育融合提供专业的指导和服务。特殊教育机构可以为幼儿园提供特殊教育课程和教材，帮助幼儿园开展特殊教育教学活动；康复机构可以为有身体机能障碍的特殊儿童提供康复训练服务，恢复他们的身体功能；心理咨询机构可以为特殊儿童和家长提供心理咨询和辅导，帮助他们应对学习和生活中的压力与挑战。

第二节　学前教育融合面临的现实问题

一、政策法规不完善

（一）政策法规现状分析

目前，我国在学前教育融合领域已出台了一系列政策法规，为其发展提供了一定的政策支持与法律保障。《中华人民共和国教育法》明确规定公民有平等接受教育的权利，这为特殊儿童接受学前教育融合奠定了基本的法律基础。《残疾人教育条例》也对特殊教育的发展提出了具体要求，强调要推进教育融合，优先采取普通教育方式安排残疾儿童、少年接受义务教育。在学前教育方面，各地也陆续出台了相关政策，鼓励和支持幼儿园开展教育融合，如一些地区规定幼儿园应接收具有一定接受普通教育能力的残疾儿童。

这些政策法规在实施过程中存在诸多不完善之处，其中缺乏具体实施细则是一个突出的问题。虽然政策法规提出了推进学前教育融合的目标和要求，但对于如何具体实施，如特殊儿童的鉴定标准、教育融合的教学模式、师资配备标准等，缺乏明确详细的规定。这使得幼儿园在开展教育融合时缺乏明确的指导，难以准确把握教育融合的实施要点，导致教育融合的质量参差不齐。

监管机制不健全也是政策法规不完善的重要表现。目前，对于学前教育融合的监管缺乏有效的机制和明确的责任主体。在教育部门内部，不同科室之间的职责划分不够清晰，存在监管空白和重叠的现象。幼儿园开展教育融合的评估缺乏科学的标准和严格的程序，难以准确评估教育融合的效果和质量。这使得一些幼儿园在开展教育融合时存在敷衍了事的情况，无法真正满足特殊儿童的教育需求。

（二）对学前教育融合的影响

政策法规不完善对学前教育融合产生了多方面的负面影响。在教育实施缺乏明确指导方面，由于缺乏具体实施细则，幼儿园在开展教育融合时面临诸多困惑：在课程设置上，不知道如何将特殊儿童的特殊需求与普通课程有机结合，在是采用单独为特殊儿童设置课程还是在普通课程基础上进行调整等方面，缺乏明确的指导。在教学方法选择上，教师也难以确定哪种教学方法最适合特殊儿童，是采用个别化教学、小组合作教学还是其他教学方法，没有具体的参考依据。这导致教师在教学过程中往往凭经验行事，教学效果难以保证。

从教育质量难以保障的角度来看，监管机制不健全使得幼儿园开展教育融合的质量无法得到有效监督和提升。一些幼儿园为了应对政策要求，虽然接收了特殊儿童，但在实际教学中并没有为他们提供足够的支持和帮助。由于缺乏专业的教师指导，特殊儿童在学习过程中遇到困难时无法及时解决；教学设施不完善，无法满足特殊儿童的特殊需求。由于缺乏科学的评估机制，教育部门无法及时发现这些问题并采取有效措施加以解决，导致学前教育融合的质量长期处于较低水平。

二、教育资源不均衡

（一）城乡资源差异

1. 师资力量

城市幼儿园通常能够吸引到更多学历高、专业素养高的教师，这些教师不仅具备扎实的学前教育专业知识，还拥有丰富的教学经验。许多城市幼儿园教师毕业于知名师范院校，拥有本科及以上学历，他们能够运用先进的教育理念和教学方法，为儿童提供高质量的教育服务。城市幼儿园还会定期组织教师参加各种培训和学术交流活动，帮助教师不断更新教育观念，提升教学能力。相比之下，农村幼儿园师资力量薄弱，教师学历普遍较低，且缺乏专业的特殊教育培训。许多农村幼儿园教师仅具备中专或高中学历，甚至一些教师没有经过正规的学前教育培训就直接上岗。这些教师对特殊儿童的教

育需求了解不足，在教学过程中难以提供有效的支持和指导。

2. 教学设施

城市幼儿园通常拥有宽敞明亮的教室、丰富多样的玩具和教具、现代化的教学设备，如多媒体教学设备、智能教学辅助工具等。这些设施设备可以为儿童提供良好的学习环境，激发他们的学习兴趣。城市幼儿园还会配备专门的功能室，如美工室、科学实验室、阅读室等，满足儿童不同方面的发展需求。而农村幼儿园的教学设施则相对简陋，活动空间有限，玩具教具陈旧且数量不足。一些农村幼儿园甚至没有基本的教学设备，如投影仪、电子白板等，这严重影响了教学质量。

3. 特殊教育资源

城市地区通常拥有较为完善的特殊教育体系，有专门的特殊教育机构和专业人员，能够为幼儿园提供专业的指导和支持。城市幼儿园可以与特殊教育机构合作，邀请专业人员为特殊儿童进行评估和诊断，制订个性化的教育计划。城市还会有更多的社会资源关注学前教育融合，为幼儿园提供资金、物资等方面的支持。农村地区的特殊教育资源则相对匮乏，缺乏专业的特殊教育机构和人员，幼儿园在开展教育融合时往往孤立无援。农村幼儿园很难获得专业的评估和指导，也难以争取到社会资源的支持，这使得农村学前教育融合的发展受到很大限制。

（二）区域资源差异

不同经济发展水平区域在学前教育融合资源投入和配置上也存在明显差异。

经济发达地区对学前教育融合的重视程度较高，投入的资源也相对较多。这些地区能够提供充足的教育资金，用于改善幼儿园的硬件设施、招聘专业教师以及开展教师培训等。在上海、深圳等经济发达城市，政府加大对学前教育融合的投入，许多幼儿园配备了先进的特殊教育设备，如智能康复训练系统、无障碍学习设施等；还会招聘大量具有特殊教育专业背景的教师，提高教师队伍的专业水平。经济发达地区还会积极整合社会资源，与高校、科研机构、企业等合作，共同开展学前教育融合的研究与实践，为幼儿园提供更多的教育资源和支持。

经济欠发达地区由于财政收入有限，对学前教育融合的资源投入相对不足。幼儿园的硬件设施陈旧落后，无法满足特殊儿童的特殊需求。一些经济欠发达地区的幼儿园没有无障碍通道，特殊儿童行动不便；缺乏特殊教育教具，无法开展针对性的教学活动；教师队伍建设相对滞后，教师待遇较低，难以吸引和留住优秀的教师，导致教师流动性大，师资队伍不稳定。这些地区的幼儿园在开展教育融合时，往往面临着资源短缺、教师专业素质不高的困境，教育质量难以得到保障。

（三）对学前教育融合的制约

资源不均衡对学前教育融合产生了严重的制约。在部分地区，由于资源匮乏，学前教育融合难以开展。农村地区和经济欠发达地区的幼儿园，由于缺乏专业教师和特殊教育资源，无法为特殊儿童提供适宜的教育环境和教育服务，导致许多特殊儿童无法接受教育融合。一些农村幼儿园即使接收了特殊儿童，也只是简单地将他们安排在普通班级中，没有提供任何特殊支持，这种形式上的融合无法真正满足特殊儿童的教育需求。

资源不均衡还导致学前教育融合质量参差不齐。城市和经济发达地区的幼儿园，凭借丰富的资源和专业的教师队伍，能够为特殊儿童提供高质量的教育融合，促进他们的全面发展。而农村和经济欠发达地区的幼儿园，由于资源不足，教学质量较低，特殊儿童在这样的环境中难以得到有效的教育和支持，这可能会进一步拉大特殊儿童与普通儿童之间的差距。这种教育质量的差异，不仅影响了特殊儿童的个体发展，也违背了教育公平的原则，不利于学前教育融合的整体推进。

第三节 教师在学前教育融合教学中面临的困境与需求

一、专业知识与技能不足

（一）特殊教育知识欠缺

首先，特殊儿童心理知识的欠缺是较为突出的一点。特殊儿童由于其身

心发展的特殊性，有着与普通儿童截然不同的心理特点。孤独症儿童往往存在社交障碍，对他人的存在缺乏关注，不主动与他人进行眼神交流，难以理解他人的情感和意图。教师若不了解这些特点，在教学过程中可能会误解孤独症儿童的行为，认为他们故意不配合，从而影响教学效果。

其次，特殊儿童的学习方式和节奏与普通儿童有很大差异，需要采用个性化的教育方法。对于智力障碍儿童，需要采用直观、形象的教学方法，通过实物演示、图片展示等方式帮助他们理解知识。很多教师在面对智力障碍儿童时仍然采用传统的讲授式教学方法，导致儿童难以理解教学内容，学习积极性受挫。

最后，一些特殊儿童需要进行康复训练，如脑瘫儿童的运动康复训练、语言障碍儿童的语言康复训练等。教师若不掌握这些康复训练知识，就无法在日常教学中为特殊儿童提供必要的康复支持。在幼儿园的体育活动中，部分教师不知道如何针对脑瘫儿童的身体状况设计适合他们的运动项目，帮助他们提高身体机能。

（二）融合教学技能缺乏

1. 课程设计

在学前教育融合教学中，课程需要兼顾特殊儿童与普通儿童的需求，既要考虑特殊儿童的特殊学习目标和内容，又要确保普通儿童能够在课程中得到充分发展。许多教师在课程设计时往往难以平衡两者的需求。在设计科学领域的课程时，教师可能会按照普通儿童的认知水平和学习进度进行设计，没有考虑到特殊儿童的特殊需求，导致特殊儿童在课堂上无法跟上教学进度，学习效果不佳。

2. 教学策略

特殊儿童由于其特殊的身心特点，需要采取多样化的教学策略。对于注意力不集中的特殊儿童，教师可以采用游戏教学法、情境教学法等，以吸引他们的注意力，提高他们的学习兴趣。部分教师在实际教学中往往习惯采用单一的教学策略，难以根据特殊儿童的特点进行灵活调整。在语言教学中，教师一直采用朗读、背诵的教学策略，对于语言能力发展迟缓的特殊儿童来说，这种方法可能无法有效提高他们的语言能力。

3. 课堂管理

融合课堂中，特殊儿童可能会出现各种行为问题，如孤独症儿童的刻板行为、情绪失控等，这些问题会影响课堂秩序。教师若缺乏有效的课堂管理技能，就难以应对这些问题，保证课堂教学的顺利进行。当孤独症儿童在课堂上出现尖叫、哭闹等情绪失控行为时，部分教师不知道如何安抚他们的情绪，导致课堂秩序混乱，教学无法正常开展。

（三）对教学的影响

教师专业知识与技能不足对学前教育融合教学产生了诸多负面影响。

1. 教学效果不佳

教师无法根据特殊儿童的特点和需求进行教学，导致特殊儿童在课堂上难以理解教学内容，学习积极性不高，教学目标难以达成。在数学教学中，教师没有采用适合智力障碍儿童的教学方法，儿童可能无法理解数字概念，无法完成简单的数学运算，教学效果大打折扣。

2. 无法满足特殊儿童的需求

特殊儿童具有特殊的教育需求，但教师的专业知识与技能不足，使得他们无法为特殊儿童提供个性化的教育服务，无法满足特殊儿童在学习、生活等方面的特殊需求。在生活自理能力培养方面，部分教师不知道如何针对特殊儿童的具体情况，制订个性化的训练计划，帮助他们提高生活自理能力。这不仅影响了特殊儿童的个体发展，也违背了学前教育融合的初衷，不利于特殊儿童更好地融入社会。

二、工作压力大

（一）教学工作量增加

在学前教育融合教学中，教师的教学工作量显著增加。融合教学要求教师兼顾普通儿童与特殊儿童的教育需求，这无疑增加了教学的复杂性和难度。

1. 备课环节

对于普通儿童，教师要根据他们的年龄特点和认知水平，设计生动有趣、富有启发性的教学内容，激发他们的学习兴趣和积极性。对于特殊儿童，教师则需要深入了解他们的特殊需求和个体差异，如孤独症儿童的社交障碍、

智力障碍儿童的认知困难等，然后根据这些特点，对教学内容和方法进行个性化调整。在准备语言领域的教学内容时，教师除了要准备适合普通儿童的故事、儿歌等素材外，还要为语言能力发展迟缓的特殊儿童准备一些简单的语言训练材料，如发音练习卡片、简短的对话练习等。

2. 教学过程

特殊儿童在学习过程中往往会遇到各种困难，如注意力不集中、理解能力差等，教师需要及时发现并给予帮助。在课堂上，教师要时刻留意特殊儿童的表现，当他们出现注意力分散时，要及时采取措施吸引他们的注意力，如提问、互动等。当特殊儿童对教学内容不理解时，教师要耐心地进行讲解和示范，直到他们掌握为止。在一次数学教学活动中，一名智力障碍儿童对数字的概念理解困难，教师反复用实物演示、图片展示等方法，帮助他理解数字的含义，花费了大量的时间和精力。

3. 课后辅导

特殊儿童由于学习能力较弱，往往需要课后进行额外的辅导。教师需要针对特殊儿童的学习情况，为他们制订个性化的辅导计划，帮助他们巩固课堂所学知识，提高学习能力。辅导内容包括知识的讲解、技能的训练以及心理的疏导等。教师要帮助孤独症儿童提高社交技能，通过角色扮演、小组活动等方式，引导他们与同伴进行交流和互动。这些额外的辅导工作使得教师的工作时间大幅延长，工作压力也随之增大。

（二）心理压力增大

教师在学前教育融合教学中面临着较大的心理压力。

1. 教学效果方面

教育融合的目标是促进特殊儿童与普通儿童的共同发展，然而，由于特殊儿童的特殊需求和教育的复杂性，教学效果往往难以保证。教师会担心自己的教学方法无法满足特殊儿童的需求，导致他们在学习和发展上落后于普通儿童；也会担心特殊儿童在社交、情感等方面出现问题，影响他们的身心健康。这些担忧使得教师在教学过程中始终处于紧张状态，心理压力不断增大。

2. 家长期望方面

普通儿童家长希望自己的孩子能够在良好的教育环境中获得全面发展，

他们对教师的教学质量和班级管理有较高的期望。特殊儿童家长则更加关注孩子在教育融合环境中的适应情况和发展进步，他们希望教师能够给予孩子足够的关注和支持，满足孩子的特殊需求。当教师无法满足家长的期望时，就会面临来自家长的压力和质疑。一些家长可能会对教师的教学方法提出怀疑，认为教师没有为特殊儿童提供足够的帮助；一些家长可能会对班级管理提出意见，担心特殊儿童的行为会影响到普通儿童的学习。这些来自家长的压力给教师带来了沉重的心理负担。

3. 社会舆论方面

社会对学前教育融合的关注度越来越高，对教师的要求也越来越严格。如果教师在教育融合中出现问题，如特殊儿童受到歧视、教育质量不高等，就可能会受到社会舆论的批评和指责。一些媒体对学前教育融合中的负面事件进行报道，会引发社会的广泛关注和讨论，给教师带来巨大的心理压力。这种社会舆论压力，使得教师在工作中小心翼翼，生怕出现差错，进一步加重了他们的心理负担。

（三）对教师职业发展的影响

过大的工作压力对教师的职业发展产生了诸多负面影响。

1. 教师产生职业倦怠

长期处于高强度的工作状态和巨大的心理压力下，教师容易产生职业倦怠情绪。他们会对工作失去热情和动力，工作效率降低，教学质量也会受到影响。职业倦怠还会导致教师对自身职业的认同感下降，对未来的职业发展感到迷茫和困惑。一些教师可能会因为职业倦怠而选择离开学前教育融合教学岗位，这不仅会影响教师个人的职业发展，也会对学前教育融合的发展造成不利影响。

2. 影响教师职业发展的积极性

教师在面对巨大的工作压力时，往往没有足够的时间和精力去提升自己的专业素养和教学能力。他们可能会减少参加培训、学习和科研活动的机会，从而限制了自身的职业发展空间。由于工作压力导致的职业倦怠，教师对职业发展的追求也会变得消极，缺乏主动进取的精神。这使得教师在职业发展道路上难以取得更大的进步，无法满足学前教育融合对教师专业能力不断提

高的要求。

三、支持体系不完善

（一）培训体系不完善

当前，学前教育融合教师培训在内容、方式与频率等方面存在明显不足。

1. 培训内容

许多培训课程侧重于特殊教育理论知识的传授，如特殊儿童心理发展理论、特殊教育法律法规等。这些理论知识固然重要，但在实际教学中，教师更需要的是能够直接应用于课堂教学的实践技能。然而，培训很少涉及如何根据特殊儿童的特点设计教学活动、如何运用有效的教学方法提高特殊儿童的学习效果等实践内容。这导致教师在接受培训后虽然对特殊教育理论有了一定的了解，但在实际教学中仍然不知道如何将这些理论应用到实践中，无法有效地解决教学中遇到的问题。

2. 培训方式

大部分培训采用集中授课的方式，由专家或经验丰富的教师进行讲座式教学。这种方式虽然能够在短时间内传递大量的知识，但缺乏互动性和实践性。教师在培训过程中处于被动接受的状态，缺乏参与感和积极性。集中授课无法满足不同教师的个性化需求，因为每个教师的教学经验、专业背景和教学中遇到的问题都不同。相比之下，实践操作、案例分析、小组讨论等互动性强的培训方式能够更好地激发教师的学习兴趣，提高培训效果。通过实践操作，教师可以在实际情境中应用所学知识，加深对知识的理解和掌握；案例分析可以让教师从实际案例中学习解决问题的方法和技巧；小组讨论则可以促进教师之间的交流与合作，分享彼此的经验和见解。

3. 培训频率

学前教育融合是一个不断发展和变化的领域，教师需要持续学习和更新知识，以适应教学的需要。目前的培训频率较低，很多教师一年甚至几年才参加一次培训。这使得教师无法及时了解学前教育融合的最新理念、方法和技术，难以将这些新的知识和技能应用到教学中。随着特殊教育研究的不断深入和教育技术的不断发展，新的教学方法和干预技术不断涌现，如基于应用行为分析的教学方法、虚拟现实技术在特殊教育中的应用等。如果教师不能及时参加培训，就难以掌握这些新的知识和技术，影响教学质量的提升。

（二）缺乏专业指导与协作

1. 缺乏特殊教育专家的指导

特殊教育专家拥有深厚的专业知识和丰富的实践经验，能够为教师提供专业的建议和指导。在面对特殊儿童的复杂教育需求时，教师往往需要特殊教育专家的帮助。对于患有多重障碍的特殊儿童，教师可能不知道如何综合运用多种教育方法和干预手段，以满足他们的特殊需求。此时，特殊教育专家可以通过对特殊儿童的评估和分析，为教师制定个性化的教育方案，提供具体的教学建议和指导。在实际教学中，由于特殊教育专家资源有限，教师很难获得及时、有效的专业指导。这使得教师在教学过程中遇到问题时往往只能依靠自己的经验和摸索，教学效果难以保证。

2. 教师之间的协作机制不够健全

在融合教学中，教师之间的协作对于提高教学质量至关重要。普通教师与特殊教育教师需要密切配合，共同为特殊儿童和普通儿童提供优质的教育服务。在课程设计方面，普通教师和特殊教育教师应该共同商讨，根据特殊儿童和普通儿童的需求，设计既适合普通儿童又能满足特殊儿童特殊需求的课程。在教学实施过程中，教师之间需要相互协作，共同管理课堂秩序，关注每个儿童的学习情况。在实际教学中，教师之间的协作存在许多问题。沟通不畅是常见的问题之一，普通教师和特殊教育教师之间可能存在专业背景和教学理念的差异，导致沟通困难，无法有效地交流教学经验和心得。分工不明确也会影响教师之间的协作，在教学过程中，可能会出现职责不清的情况，导致一些工作无人负责或重复劳动。这些问题都制约了教师之间的协作，影响了教学效果的提升。

（三）对教师发展的影响

1. 教师专业成长缓慢

由于缺乏系统的培训和专业指导，教师难以不断提升自己的专业素养和教学能力。在特殊教育知识和技能方面，教师无法及时了解和掌握最新的教育理念和方法，导致自己的专业水平滞后于教育发展的需求。在教学实践中，

教师也缺乏有效的反馈和指导，难以发现自己教学中存在的问题并加以改进。长期处于这种状态下，教师的专业成长会受到严重阻碍，无法满足学前教育融合对教师专业能力不断提高的要求。

2. 教学改进困难

教师在教学过程中遇到问题时，由于缺乏专业指导和协作，难以找到有效的解决方法。在教学方法的选择和应用上，教师可能尝试了多种方法，但由于缺乏专业指导，无法判断哪种方法最适合特殊儿童，导致教学效果不佳。教师之间协作机制的不健全，也使得教师难以从同伴那里获得支持和帮助，无法共同探讨解决教学问题的方法。这使得教师在教学改进方面面临重重困难，难以提高教学质量，为特殊儿童和普通儿童提供更好的教育服务。

第三章
学前教育融合课程与教学创新实践

第一节 教育融合背景下课程目标的多元设计

一、多元课程目标的内涵

学前教育融合课程目标的多元设计,旨在促进幼儿在知识、技能、情感态度价值观等多个维度的发展,以适应幼儿身心发展的特点和未来社会对人才的需求。

(一)知识目标

知识目标并非传统意义上地让幼儿死记硬背大量的书本知识,而是强调通过实践活动,让幼儿获得与生活紧密相关的经验性知识。例如,在"认识植物"的课程中,幼儿不再仅仅从图片、书本上了解植物的名称、样子,而是亲自参与种植活动。在播种、浇水、施肥、观察植物生长变化的过程中,幼儿了解到植物的生长需要阳光、水分、土壤等条件,知晓不同植物的生长周期和特点,这些基于实践的知识更生动、更深刻,也更容易被幼儿理解和吸收。幼儿还能在实践中认识自然科学现象、掌握社会生活常识等多领域知识,如在参观消防队的实践活动中,幼儿可以了解到火灾预防、消防设备使用等消防安全知识,拓宽对社会生活的认知。

(二)技能目标

技能目标注重培养幼儿的多种实践能力。首先是生活自理技能,在学前教育阶段,幼儿应逐步学会自己穿衣、吃饭、整理玩具等,这些看似简单的

生活技能却是幼儿独立生活的基础。日常的生活实践活动，如开展"自己的事情自己做"比赛，能够激发幼儿练习生活自理技能的积极性。其次是社会交往技能，在集体实践活动中，幼儿需要与同伴合作、交流、分享，如在搭建积木的团队活动中，幼儿要共同商量搭建主题、分工协作，在此过程中学会倾听他人意见、表达自己想法、解决合作中出现的矛盾，从而提升社会交往能力。再次是问题解决技能，在实践中遇到的困难，如在手工制作中材料不够、作品制作失败等，引导幼儿思考解决办法，尝试不同的途径去克服困难，锻炼问题解决的能力。最后是探索创新技能，鼓励幼儿在实践中大胆尝试新方法、新思路，如在绘画活动中，不局限于常规的绘画工具和方法，让幼儿尝试用手指、树叶等进行创作，培养创新思维。

（三）情感态度价值观目标

在情感方面，要培养幼儿对学习、生活的积极情感，让幼儿在实践活动中体验到快乐、满足和成就感，从而激发他们的学习兴趣和探索欲望。比如，在完成一个手工作品或一项实践任务后，幼儿会获得自信心和愉悦感。在态度方面，注重培养幼儿的好奇心、求知欲和专注认真的学习态度。例如，在科学小实验中，幼儿对实验现象充满好奇，积极主动地去探索原因，教师要保护和引导这种好奇心，使其逐渐形成积极主动的学习态度。在价值观方面，通过实践活动帮助幼儿树立正确的价值观，如在环保主题的实践活动中，幼儿参与垃圾分类、植树造林等活动，从而理解保护环境的重要性，形成爱护环境、珍惜资源的价值观；在关爱他人的实践活动中，如去敬老院看望老人，幼儿学会关心他人、尊重长辈，培养善良、有爱心的品质。

二、基于幼儿发展特点的目标设定

幼儿的发展是一个连续且具有阶段性特点的过程，不同年龄段的幼儿在身体发育、认知水平、情感表达和社会交往等方面都呈现出独特的发展特征，学前教育融合课程目标的设定必须紧密依据这些特点，以确保课程目标的科学性、适宜性和有效性，真正促进幼儿在原有水平上的发展。

（一）3~4岁的小班幼儿

小班幼儿正处于从家庭迈向集体生活的过渡时期，身体发育迅速，但大肌肉动作和小肌肉动作的协调性与灵活性还在发展中。在认知方面，他们开始对周围世界产生浓厚的兴趣，注意力容易被新鲜事物吸引，但注意力集中时间较短，通常只能维持 3～5 分钟。思维以直观形象思维为主，主要通过感知和动作来认识世界。在情感上，情绪表达较为直接和外露，对成人的依赖程度较高，安全感的建立至关重要。在社会交往中，开始表现出与同伴一起游戏的愿望，但还不太懂得如何与他人分享和合作。

基于这些特点，知识目标设定为让幼儿通过简单的实践活动感知周围事物的明显特征。例如，在"认识水果"的实践课程中，让幼儿通过看一看、摸一摸、闻一闻、尝一尝的方式，了解常见水果的颜色、形状、味道等特征，如苹果是红红的、圆圆的，香蕉是黄黄的、弯弯的。在技能目标上，着重培养生活自理技能的初步基础，如学会自己用勺子吃饭、自己穿脱简单的外套、整理自己的玩具等；同时，发展初步的感知动作技能，如在搭建积木的活动中，锻炼手部抓握、堆叠等动作能力。在情感态度价值观目标上，培养幼儿对幼儿园生活和学习活动的积极情感，让他们感受到集体活动的快乐，建立对教师和同伴的信任与亲近感，如通过组织一些简单的集体游戏，像"丢手绢"，让幼儿在游戏中体验与同伴互动的乐趣，增强对集体生活的喜爱。

(二) 4～5 岁的中班幼儿

中班幼儿的身体机能进一步发展，动作的协调性和灵活性有所提高，平衡能力、肌肉力量等都在不断增强；认知能力有了显著提升，注意力集中时间延长至 10～15 分钟，开始能够理解一些较为抽象的概念，如"上下""前后"等空间方位概念，思维仍然以直观形象思维为主，但已经开始向抽象逻辑思维过渡；情感方面，情绪逐渐趋于稳定，开始有了一定的自我意识和自尊心，对自己感兴趣的事物表现出较强的坚持性；在社会交往中，同伴交往的需求增加，开始懂得分享、合作和互助，能够理解并遵守一些简单的游戏规则。

对应地，在知识目标上，设定为通过实践活动让幼儿了解事物之间的简单联系和规律。例如，在"植物的生长"实践课程中，幼儿不仅要观察植物的生长过程，还要了解植物生长与阳光、水分、土壤之间的关系，如植物需要浇水、晒太阳才能茁壮成长。在技能目标上，继续提升生活自理技能，如学会自己系鞋带、整理书包等；着重培养社会交往技能，如在角色扮演游戏

"超市购物"中,幼儿需要与同伴扮演不同的角色,如顾客、收银员、导购员等,在互动中学会沟通、协商、解决问题,提升社会交往能力;同时,发展初步的探究技能,鼓励幼儿在实践中提出问题、尝试寻找答案,如在"有趣的磁铁"科学实验中,引导幼儿探索磁铁能吸哪些东西,培养他们的探索精神和动手能力。在情感态度价值观目标上,培养幼儿的好奇心和求知欲,让他们对学习和探索充满热情;同时,引导幼儿学会尊重他人、关心他人,如在"关爱小伙伴"的活动中,让幼儿学会关注同伴的情绪,当同伴遇到困难时给予帮助。

(三) 5~6岁的大班幼儿

大班幼儿的身体发育更加成熟,动作更加协调、灵活,具备较强的运动能力,如能够熟练地跳绳、拍球等,手部小肌肉动作也更加精细,能够进行一些较为复杂的手工活动,如剪纸、编织等;认知水平进一步提高,注意力集中时间可达15~20分钟,抽象逻辑思维开始萌芽,能够进行简单的推理和判断,对事物的理解更加深入;情感上,情绪调节能力逐渐增强,自我意识进一步发展,开始有了一定的责任感和任务意识;在社会交往中,我们能够与同伴友好相处,进一步提高合作能力,共同完成一些较为复杂的任务,并开始对社会规则和社会现象产生兴趣。

知识目标设定为通过深入的实践活动让幼儿掌握较为系统的知识和经验。例如,在"探索家乡"的实践课程中,幼儿要了解家乡的地理位置、名胜古迹、风俗习惯、特色美食等多方面的知识,形成对家乡较为全面的认识。在技能目标上,重点培养解决问题的技能和初步的创新技能。在遇到问题时,如在搭建大型积木城堡时遇到结构不稳定的问题,引导幼儿思考并尝试不同的解决方法,如改变积木的搭建方式、增加支撑物等;鼓励幼儿在艺术创作、科学实验等实践活动中发挥想象力,进行创新尝试,如在绘画中创造独特的画面情境、在科学实验中尝试不同的材料组合。在情感态度价值观目标上,培养幼儿的自信心和成就感,让他们在完成有挑战性的任务中体验到成功的喜悦;增强幼儿的社会责任感和环保意识,如通过组织"环保小卫士"活动,让幼儿参与垃圾分类宣传、社区环境清理等,培养他们爱护环境、关心社会的意识和行为。

三、案例分析：某幼儿园多元课程目标实践

某幼儿园在学前教育融合的课程目标多元设计方面做出了积极且富有成效的探索，通过一系列具体而细致的课程活动，全面促进幼儿在知识、技能、情感态度价值观等多方面的发展，为幼儿的成长奠定了坚实的基础。

（一）课程目标设计理念

该幼儿园秉持以幼儿发展为中心的教育理念，深刻认识到每个幼儿都是独一无二的个体，具有不同的兴趣爱好、学习风格和发展需求。因此，在课程目标设计时，充分尊重幼儿的个体差异，注重挖掘每个幼儿的潜能，并致力于为幼儿提供个性化、多元化的学习体验；同时，紧密结合《幼儿园教育指导纲要》和《3~6岁儿童学习与发展指南》的精神，将幼儿的全面发展作为课程目标的核心追求，力求在课程实施过程中，实现幼儿在健康、语言、社会、科学、艺术等五大领域的协调发展，培养幼儿适应未来社会生活的综合能力。

（二）具体课程目标与实施

1. 知识目标方面

该幼儿园针对不同年龄段的幼儿设计了循序渐进的实践课程。对于小班幼儿，通过"我爱我的幼儿园"主题课程，让幼儿在参观幼儿园的各个角落、参与园内日常活动的过程中，了解幼儿园的环境设施、生活作息以及工作人员等。例如，在认识幼儿园的厨房时，幼儿不仅知道了厨房是制作食物的地方，还了解到厨师叔叔阿姨们为大家准备饭菜的辛苦，认识了一些常见的厨房用具和食材。在中班阶段，开展"有趣的大自然"主题课程，组织幼儿到公园、植物园等地进行实地观察和探索。幼儿在观察植物的生长过程中，了解到植物的生命周期、不同植物的特点以及植物与环境的关系等知识；在观察动物时，认识到动物的生活习性、外貌特征等，丰富了对大自然的认知。大班则开设"探索我们的城市"主题课程，带领幼儿参观科技馆、博物馆、图书馆、警察局等城市公共设施，让幼儿了解城市的功能布局、社会分工以及历史文化等知识。在参观科技馆时，幼儿通过亲身观看各种科技展品，感受到科学技术的魅力，拓宽了对现代科技的认知视野。

2. 技能目标方面

小班注重生活自理技能的培养，通过"自己的事情自己做"系列活动，引导幼儿学会自己穿衣、洗手、整理玩具等。教师会在日常生活中给予幼儿充分的实践机会，如在午睡起床后，鼓励幼儿自己穿衣服，并进行穿衣比赛，激发幼儿的积极性和主动性。中班着重培养幼儿的社会交往技能和初步的探究技能。在社会交往方面，组织"角色扮演"游戏活动，如"超市购物""医院看病"等，幼儿在游戏中扮演不同的角色，学会与同伴沟通、协商、合作，解决游戏中出现的问题，提升社会交往能力。在探究技能培养上，开展"科学小实验"活动，如"会站立的鸡蛋""彩虹的形成"等，让幼儿在实验过程中观察现象、提出问题、尝试寻找答案，锻炼动手能力和思维能力。大班则重点提升幼儿的问题解决技能和创新技能。在问题解决方面，设置"搭建挑战"活动，如用积木搭建高楼、桥梁等，当幼儿遇到结构不稳定、材料不足等问题时，鼓励他们思考多种解决办法，如改变搭建方式、寻找替代材料等。在创新技能培养上，举办"创意手工大赛"，鼓励幼儿利用废旧物品进行创意制作，如用饮料瓶制作花瓶、用旧纸箱制作机器人等，激发幼儿的创新思维和创造力。

3. 情感态度价值观目标方面

在情感培养方面，通过"关爱小动物"活动，让幼儿参与照顾幼儿园饲养的小动物，如给小动物喂食、换水、打扫卫生等，培养幼儿对小动物的关爱之情，感受照顾他人的快乐和责任感，从而激发他们对生活的热爱。在态度养成方面，开展"我是小探索家"活动，鼓励幼儿在实践活动中积极探索、勇于尝试，不怕失败。当幼儿在探索过程中遇到困难时，教师给予及时的鼓励和引导，帮助他们树立克服困难的信心，逐渐形成积极主动、勇于探索的学习态度。在价值观塑造方面，组织"环保小卫士"活动，带领幼儿参与垃圾分类宣传、社区环境清理等实践，让幼儿了解环境保护的重要性，形成爱护环境、珍惜资源的价值观；开展"爱心义卖"活动，将幼儿制作的手工艺品、闲置玩具等进行义卖，所得款项捐赠给贫困地区的儿童，培养幼儿关爱他人、乐于助人的良好品德。

（三）实施效果

经过一段时间的实践，该幼儿园在课程目标多元化设计方面取得了显著的成效。在知识掌握方面，幼儿对周围世界的认知更加丰富和深入，能够积极主动地探索新知识，对学习表现出浓厚的兴趣。例如，在一次关于"交通工具"的讨论中，大班幼儿不仅能说出常见交通工具的名称和特点，还能结合自己的生活经验，讲述不同交通工具在出行中的优势和适用场景。在技能发展方面，幼儿的生活自理能力、社会交往能力、问题解决能力和创新能力都得到了明显提升。小班幼儿能够熟练地自己穿衣、吃饭，生活独立性增强；中班幼儿在与同伴合作游戏时更加默契，能够友好地解决矛盾和问题；大班幼儿在面对复杂问题时，能够运用所学知识和技能，积极思考解决办法，在创意手工制作中展现出丰富的想象力和创造力。在情感态度价值观方面，幼儿变得更加自信、乐观、有爱心，对周围的人和事物充满关爱和尊重，具备了初步的社会责任感和环保意识，如在幼儿园组织的"关爱敬老院老人"活动中，幼儿们主动为老人表演节目、陪老人聊天，给老人带来了欢乐，展现出良好的品德修养。

该幼儿园在学前教育融合的课程目标多元设计实践中，通过科学合理的课程设置和丰富多彩的实践活动，为幼儿提供了全面发展的平台，有效地促进了幼儿在知识、技能、情感态度价值观等多方面的成长和进步，为其他幼儿园在课程目标设计与实施方面提供了宝贵的经验借鉴。

第二节　差异化教学策略在学前教育融合中的应用

一、差异化教学的理论基础

差异化教学的核心理念在于尊重学生的个体差异，坚信每个学生都是独一无二的，在智力、兴趣、能力以及学习风格等诸多方面均存在显著不同。它以满足学生个体差异性的学习需求为出发点，致力于通过调整教学内容、方法以及评价等关键要素，来契合学生的兴趣、能力和经验水平，进而激发学生的潜能，推动学生的全面发展。在学前教育阶段，幼儿的个体差异已初步显现：有的幼儿对色彩感知敏锐，在美术活动中表现出浓厚兴趣和天赋；

有的幼儿则对音乐节奏十分敏感，喜欢唱歌、跳舞。差异化教学尊重这些差异，为每个幼儿提供适合他们的学习机会。

差异化教学遵循一系列重要原则。尊重个体差异是其首要原则，教师需密切关注并充分欣赏每一个幼儿的特性和优势，为他们营造适宜其发展的教学环境。例如，在搭建积木活动中，教师要关注每个幼儿的搭建方式和创意，并对幼儿独特的想法给予肯定和鼓励，而不是用统一的标准去衡量。制订灵活计划原则要求教师结合学生的实际需求，设计多元化的教学活动和评估方式。由于幼儿的发展速度和学习方式不同，教师不能采用一成不变的教学计划。在语言教学中，对于语言发展较快的幼儿，可以安排一些故事创编、诗歌朗诵等活动；对于语言发展稍慢的幼儿，则先从简单的词汇积累、语句模仿开始，通过不同难度层次的活动满足幼儿的学习需求。持续反思改进原则强调教师要不断审视自己的教学实践，及时调整策略，提升教学质量。教师在教学过程中要观察幼儿的反应和学习效果，根据幼儿的表现及时调整教学内容和方法。如果在科学实验活动中发现幼儿对某个实验现象理解困难，教师可以调整实验步骤，增加示范次数，或者引入更生动形象的解释方式。

从心理学依据来看，多元智能理论为差异化教学提供了有力支撑。在学前教育实践中，这意味着每个幼儿都有自己相对突出的智能领域。有的幼儿语言智能发达，表现为能清晰、生动地表达自己的想法，喜欢听故事、讲故事；有的幼儿身体-运动智能较强，在体育活动、舞蹈等方面表现出色，动作协调、灵活。教师应依据这一理论，识别幼儿的优势智能，开展差异化教学。对于语言智能突出的幼儿，可以提供更多的阅读材料、组织语言类游戏，如词语接龙、绕口令等，进一步发展他们的语言能力；对于身体-运动智能较强的幼儿，设计更多的体育竞赛、户外探险等活动，满足他们的运动需求，激发他们的学习兴趣。

认知发展理论也与差异化教学紧密相关。皮亚杰的认知发展理论指出，儿童的认知发展是一个阶段性的过程，不同阶段的儿童具有不同的认知特点和学习能力。在学前教育阶段，幼儿正处于前运算阶段，他们的思维具有直观形象性、自我中心性等特点。这就要求教师在教学中采用符合幼儿认知特点的教学方法。在数学教学中，对于幼儿来说，抽象的数字概念理解起来较为困难，教师可以借助具体的实物教具，如用积木、水果等，让幼儿通过实际操作来理解数量关系，而不是直接教授抽象的数学公式。维果斯基的社会文化理论强调社会和文化对个体发展的重要影响，认为儿童的学习是在社会交往和文化环境中进行的。在学前教育中，教师可以通过组织合作学习、小组讨论等活动，为幼儿创造社会交往的机会，让他们在与同伴的互动中学习和成长。在手工制作活动中，幼儿通过小组合作完成作品，在交流和协作过程中互相学习、互相启发，共同提高动手能力和解决问题的能力。

二、学前儿童差异化表现与教学策略选择

学前儿童在学习过程中展现出明显的差异化特征，这些差异体现在多个方面，深入了解这些表现是实施差异化教学策略的关键前提，有助于教师因材施教，满足每个幼儿的学习需求，促进他们的全面发展。

（一）学习方式差异

学前儿童的学习方式大致可分为视觉型、听觉型、身体型、书面型和群体互动型。视觉型幼儿对色彩、图像、形状等视觉信息敏感，在学习中，他们通过观看图片、视频、教师的演示动作等方式能更好地吸收知识。例如，在认识动物的活动中，相比于单纯的语言描述，他们更能通过观察动物的图片或视频来快速记住动物的外貌特征。听觉型幼儿则偏好通过听来学习，他们对故事、儿歌、教师的讲解等听觉信息接受度高。在语言学习中，这类幼儿通过听绘本故事、跟读儿歌等方式，语言能力提升较快，能准确模仿语音、语调。身体型幼儿精力充沛，喜欢通过身体的活动来探索世界，在学习时，他们更适合参与角色扮演、手工制作、体育游戏等实践活动。例如，在学习交通规则时，通过扮演交警、司机等角色进行游戏，能让他们更深刻地理解交通规则的含义。书面型幼儿对文字、符号有一定的敏感度，在早期阅读活动中，他们可能会对图书中的文字表现出兴趣，喜欢指着文字让成人讲解，较早地表现出对书面语言的学习倾向。群体互动型幼儿热衷于与同伴交流合作，在小组讨论、合作游戏等活动中，他们能积极参与，充分发挥自己的优势，通过与同伴的互动学习新知识、解决问题。

针对这些不同的学习方式，教师可采取相应的教学策略。对于视觉型幼

儿，教师在教学中应多运用图片、视频、PPT等视觉教学资源。例如，在讲解植物的生长过程时，展示一系列植物生长不同阶段的图片或视频，帮助他们直观地理解。对于听觉型幼儿，多为他们提供故事音频、儿歌CD等学习资料，在教学中增加讲解和讨论的环节，让他们有更多倾听和表达的机会。针对身体型幼儿，设计丰富多样的实践活动，如在"溶解的秘密"实验中，让他们亲自动手将盐、糖等物质放入水中搅拌，观察溶解现象，加深对科学知识的理解。对于书面型幼儿，提供适合他们阅读水平的绘本、简单的识字卡片等，鼓励他们自主阅读和探索文字的奥秘。对于群体互动型幼儿，组织更多的小组合作活动，如在搭建积木的活动中，让他们分组共同完成搭建任务，在交流和协作中提高空间认知能力和团队合作能力。

（二）兴趣差异

学前儿童的兴趣广泛且多样。有的幼儿对自然科学领域充满好奇，喜欢观察动植物、探索自然现象，如对天空中的星星、月亮充满疑问，热衷于观察蚂蚁搬家、花朵开放等自然过程。有的幼儿则对艺术领域兴趣浓厚，喜欢唱歌、跳舞、绘画、手工制作等，在音乐活动中随着音乐节奏欢快地舞动，在美术活动中尽情发挥想象力，用画笔和手工材料创作出独特的作品。还有的幼儿对社会交往、角色扮演等活动感兴趣，喜欢模仿成人的生活场景，在"娃娃家""超市"等角色扮演游戏中，他们能逼真地模仿家长、收银员等角色的行为和语言，享受与同伴互动的乐趣。

教师要敏锐地捕捉幼儿的兴趣点，以此为依据调整教学内容和活动形式。对于对自然科学感兴趣的幼儿，开展"小小科学家"系列活动，组织他们进行简单的科学实验，如"会变色的花"实验，将白色的花朵插入有颜色的水中，观察花朵颜色的变化，激发他们的探索欲望；带他们到户外观察自然，开展"寻找春天"活动，让他们观察春天里植物、动物的变化，培养对自然的观察力和热爱之情。对于热爱艺术的幼儿，提供丰富的艺术创作材料和展示平台，定期举办绘画展览、歌舞表演等活动，鼓励他们展示自己的作品和才艺；安排音乐欣赏课程，让他们接触不同类型的音乐作品，提升艺术素养。对于喜欢社会交往和角色扮演的幼儿，创设更多的社会情境游戏，如"医院""银行"等，在游戏中引导他们了解社会角色和社会规则，提高社交往能力；组织"分享日"活动，让他们分享自己的生活经历和有趣的事情，锻炼表达能力和人际交往能力。

（三）能力差异

学前儿童在认知、语言、运动、社交等能力方面存在显著差异。在认知能力上，有的幼儿思维敏捷，能够快速理解和掌握新知识，在数学活动中能迅速理解数量关系，进行简单的加减法运算；而有的幼儿认知发展相对较慢，需要更多的时间和实例来理解相同的知识。在语言能力方面，部分幼儿语言表达流畅、词汇丰富，能够清晰地讲述故事、表达自己的想法和感受；而有些幼儿则语言表达能力较弱，可能存在表达不连贯、词汇量少等问题。在运动能力上，一些幼儿身体协调性好，动作敏捷，在体育活动中表现出色，如跳绳、拍球等技能掌握得很快；而另一些幼儿的运动能力则有待提高，在平衡、协调等方面表现较弱。在社交能力方面，有的幼儿善于与人交往，能主动与同伴交流、合作，在集体活动中发挥积极的作用；而有的幼儿则比较内向、害羞，在社交场合中表现得较为被动，不太容易融入集体活动。

面对这些能力差异，教师要采用分层教学、个别辅导等策略。在认知能力教学中，对于认知能力较强的幼儿，可以提供一些具有挑战性的学习任务，如在拼图活动中，让他们尝试难度较高的拼图，激发他们的思维能力；对于认知能力较弱的幼儿，则从简单的拼图开始，逐步提高难度，给予他们更多的指导和鼓励。在语言能力培养上，对于语言表达能力强的幼儿，组织故事创编、诗歌朗诵等活动，进一步提升他们的语言运用能力；对于语言表达能力弱的幼儿，开展一对一的语言辅导，从简单的词汇、语句练习入手，如每天进行词语接龙游戏，帮助他们积累词汇，提高表达能力。在运动能力训练方面，针对运动能力强的幼儿，组织体育竞赛活动，如小型的运动会，让他们在竞争中不断提高运动技能水平；对于运动能力较弱的幼儿，制订个性化的运动训练计划，如每天安排一定时间进行平衡木、走直线等基础运动练习，逐步提升他们的身体素质和运动能力。在社交能力发展上，对于社交能力强的幼儿，鼓励他们担任小组活动的组织者，发挥领导作用，带领同伴共同完成任务；对于社交能力弱的幼儿，教师给予更多的关注和引导，安排他们与性格开朗、友善的同伴一起活动，帮助他们克服害羞心理，逐渐提高社交

能力。

三、实施案例：分层教学与个别辅导

（一）某幼儿园语言领域分层教学实践

某幼儿园在语言领域教学中，基于幼儿语言发展能力的差异，开展了卓有成效的分层教学实践。教师首先通过日常观察、语言能力测试等方式，对幼儿的语言发展水平进行全面评估，包括词汇量、语言表达流畅度、倾听理解能力等方面。根据评估结果，将幼儿分为基础层、提高层和拓展层三个层次。

对于基础层的幼儿，他们的语言表达能力较为薄弱，词汇量有限，句子结构简单。教师在教学内容上，侧重于基础词汇和简单句式的学习，如认识常见的动物、水果、颜色等词汇，学习"我喜欢……""这是……"等简单句式。在教学方法上，采用大量直观形象的教学手段，如使用色彩鲜艳的图片、生动有趣的绘本、简单的动画视频等，吸引幼儿的注意力，帮助他们理解和记忆。例如，在学习动物词汇时，教师展示各种动物的图片，一边展示一边清晰地说出动物的名称，让幼儿模仿发音，并引导幼儿用简单句式描述动物，如"这是一只小狗，小狗汪汪叫"。在教学活动设计上，开展一些简单的语言游戏，如"词语接龙"，从简单的单字词语开始，逐渐增加难度，激发幼儿学习词汇的兴趣，锻炼他们的语言反应能力。

对于提高层的幼儿，他们的语言表达能力有一定基础，能够运用简单的句子进行交流，但在语言的丰富性和逻辑性上还有提升空间。教师在教学内容上增加了词汇的难度和句子的复杂度，引入一些形容词、副词来丰富幼儿的语言表达，如学习"美丽的花朵""飞快地跑"等短语；引导幼儿用更复杂的句式表达自己的想法，如"我今天在公园里看到了美丽的花朵，它们五颜六色的，非常漂亮"。教学方法上，教师注重故事讲述和对话练习，讲述一些情节较为丰富的故事，然后引导幼儿进行故事复述，在复述过程中鼓励幼儿用自己的语言丰富故事细节；组织幼儿进行角色扮演游戏，如"超市购物"，让幼儿在模拟的生活场景中进行对话交流，提高语言运用能力和沟通能力。

对于拓展层的幼儿，他们的语言发展水平较高，词汇丰富，表达流畅且具有一定的逻辑性和创造性。教师为他们提供更具挑战性的教学内容，如开展诗歌朗诵、故事创编等活动。在诗歌朗诵中，选择一些意境优美、富有节奏感的诗歌，引导幼儿感受诗歌的韵律美，通过抑扬顿挫的朗诵表达诗歌的情感。在故事创编活动中，教师给出一些简单的故事框架或主题，如"森林里的冒险"，让幼儿发挥想象力，创编出情节丰富、富有创意的故事，鼓励幼儿运用丰富的词汇和多样的修辞手法，如比喻、拟人等，使故事更加生动有趣。教师还组织小组讨论活动，针对一些开放性的话题，如"如果你有一双翅膀，你会做什么"，让幼儿在讨论中充分表达自己的观点，锻炼他们的批判性思维和语言表达能力。

经过一段时间的分层教学实践，该幼儿园在语言领域教学取得了显著成效。基础层的幼儿语言表达能力有了明显提升，词汇量增加，能够用完整、连贯的简单句子进行交流，对语言学习的兴趣也大大提高。提高层的幼儿在语言的丰富性和逻辑性方面进步显著，能够更生动、准确地表达自己的想法和感受，在故事复述和对话交流中表现更加出色。拓展层的幼儿在诗歌朗诵和故事创编中展现出了较高的语言水平和创造力，批判性思维能力也得到了有效锻炼，在小组讨论中能够积极发表自己独特的见解，与同伴进行深入的交流和探讨。

（二）个别辅导助力幼儿数学能力提升

小明是一名 5 岁的中班幼儿，在数学学习方面存在较大困难，对数字的认知和运算理解较为迟缓。教师通过对小明在数学活动中的表现进行细致观察，发现他在点数物体时经常出现漏数、重复数的情况，对数量的多少比较也容易混淆，对简单的加减法运算更是难以掌握。针对小明的这些问题，教师制订了个性化的个别辅导计划。

在辅导内容上，教师从最基础的数字认知开始，帮助小明认识数字的形状、名称和顺序。教师使用数字卡片、积木等教具，让小明通过视觉和触觉来感知数字，如让他用手指沿着数字卡片上的数字轮廓描摹，用积木摆出相应数量的物体来对应数字。在数量比较方面，教师通过实物演示，如用不同数量的水果进行对比，让小明直观地看到数量的差异，引导他用"多""少""一样多"等词汇来描述。对于加减法运算，教师采用简单易懂

的实物操作方法,如用糖果进行加减法练习,先拿出3颗糖果,再拿出2颗糖果,让小明数一数一共有几颗糖果,从而理解3+2=5的含义。

在辅导方法上,教师充分考虑小明的学习特点,采用生动有趣、循序渐进的方式。每次辅导时间应控制在15~20分钟,以避免小明产生疲劳和厌烦情绪。在辅导过程中,教师给予小明充分的鼓励和肯定,当他取得一点进步时,如正确点数了一组物体,就及时表扬他,增强他的自信心和学习动力。教师还将数学知识融入游戏中,如玩"数字接龙"游戏,教师说出一个数字,让小明说出比这个数字大1或小1的数字,通过游戏的方式提高小明对数字的敏感度和运算能力。

经过一段时间持续的个别辅导,小明在数学能力上有了明显的提升。他能够准确地点数数量在10以内的物体,对数量的多少比较也能做出正确判断,对5以内的加减法运算已经能够熟练掌握。小明对数学学习的态度也发生了转变,从之前的抵触、害怕变得积极主动,在课堂上能够主动参与数学活动,与同伴交流自己的想法。

第三节 游戏化教学促进幼儿融合发展的实践路径

一、游戏化教学的重要性

游戏化教学在学前教育中具有不可替代的重要地位,它紧密贴合幼儿的天性和发展需求,为幼儿的全面发展提供了丰富的滋养,对激发幼儿学习兴趣以及促进其认知、情感、社会性和身体等多方面的发展发挥着关键作用。

幼儿天生对游戏充满热爱,游戏化教学巧妙地利用这一天性,将学习内容融入有趣的游戏活动中,从而极大地激发了幼儿的学习兴趣和主动性。在传统的教学模式中,幼儿往往处于被动接受知识的状态,学习过程较为枯燥乏味,容易使幼儿产生厌烦情绪。而游戏化教学以其生动有趣、富有挑战性的特点,让幼儿在轻松愉快的氛围中主动参与学习。例如,在"超市购物"的游戏化教学活动中,幼儿扮演顾客和收银员,在模拟购物的过程中认识货币、进行简单的加减法运算，同时了解购物的流程和规则。这种将数学知识和生活常识融入游戏的方式，让幼儿在玩乐中不知不觉地学习，使学习变得充满乐趣，有效激发了他们对学习的热爱和探索欲望。

从认知发展角度来看，游戏化教学为幼儿提供了丰富的实践机会，有助于促进幼儿认知能力的提升。在游戏中，幼儿通过观察、思考、操作等活动，不断探索周围世界，积累知识和经验，锻炼思维能力。在建构游戏中，幼儿用积木搭建各种建筑和物体，他们需要思考物体的形状、结构和空间关系，这有助于培养幼儿的空间认知能力和逻辑思维能力。在科学实验游戏中，如"会站立的鸡蛋"实验，幼儿通过尝试不同的方法让鸡蛋站立起来，在这个过程中，他们观察实验现象，思考背后的科学原理，从而激发了对科学的好奇心和探究欲，提高了观察能力和问题解决能力。

情感发展是幼儿成长的重要方面，游戏化教学在这方面也发挥着积极作用。游戏能够为幼儿提供一个自由、宽松的环境，让他们在其中充分表达自己的情感和想法，获得情感上的满足和安全感。在角色扮演游戏"娃娃家"中，幼儿扮演家庭成员，模仿家庭生活中的场景，如做饭、照顾宝宝等。在这个过程中，幼儿能够体验到亲情、关爱等情感，学会关心他人，同时也能通过游戏表达自己的喜怒哀乐，释放情绪压力。当幼儿在游戏中完成一项任务或取得进步时，他们会获得成就感和自信心，这有助于培养幼儿积极向上的情感态度和自我认知。

幼儿的社会性发展同样离不开游戏化教学。许多游戏需要幼儿与同伴合作、交流、分享才能完成，这为幼儿提供了良好的社会交往平台，有助于培养他们的合作意识、沟通能力和团队精神。在"接力赛跑"的体育游戏中，幼儿分组进行比赛，每个幼儿都需要为了小组的荣誉而努力，同时要与小组成员密切配合，交接接力棒。在这个过程中，幼儿学会了倾听他人的意见，互相鼓励和支持，提高了团队协作能力。在游戏中，幼儿还会遇到各种问题和冲突，如角色分配、游戏规则的遵守等，通过解决这些问题，幼儿学会了理解他人的立场，学会妥协和协商，从而提升了社会交往能力和解决问题的能力。

游戏化教学对幼儿身体发展也具有重要意义。在各类游戏活动中，幼儿

的身体得到了充分的锻炼,动作的协调性、灵活性和力量都得到了发展。在体育游戏中,如跳绳、踢毽子、攀爬等,幼儿需要运用身体的各个部位,进行跑、跳、攀爬等动作,这有助于增强幼儿的肌肉力量,提高身体的平衡能力和协调能力。在手工游戏中,幼儿通过剪纸、折纸、捏泥等活动锻炼了手部小肌肉的精细动作能力,为今后的书写和其他精细操作活动奠定了基础。

二、游戏化教学的设计原则与方法

游戏化教学的设计需遵循一系列科学合理的原则,这些原则相互关联、相互影响,共同确保游戏化教学能够有效达成教学目标,促进幼儿全面发展;同时,掌握正确的设计方法是将这些原则转化为实际教学活动的关键,能够使游戏化教学更加生动有趣、富有成效。

(一)趣味性

幼儿天生对有趣的事物充满好奇和向往,只有当游戏化教学活动充满趣味性时,才能吸引幼儿主动参与其中。在设计游戏时,应巧妙融入幽默元素、新奇的情节和生动的角色。例如,在"小兔子找胡萝卜"的游戏中,为小兔子设计一些滑稽可爱的动作和表情,当小兔子找到胡萝卜时,播放欢快有趣的音乐,让幼儿在轻松愉快的氛围中感受到游戏的乐趣。利用色彩鲜艳的道具、充满奇幻色彩的场景布置等,也能增强游戏的趣味性。在"海底探险"游戏中,用蓝色的背景布模拟海洋,用彩色的塑料道具制作各种海洋生物,营造出神秘而美丽的海底世界,能够激发幼儿的探索欲望。

(二)教育性

游戏必须紧密围绕教学目标和内容展开,使幼儿在游戏过程中能够获得知识和技能的提升。在设计游戏时,要将教学内容巧妙地融入游戏环节中。在数学教学中,可以设计"超市购物"游戏,让幼儿在扮演顾客和收银员的过程中进行货币计算、物品数量统计等活动,从而巩固数学运算知识。在语言教学中,开展"故事接龙"游戏,让幼儿依次讲述故事的一个情节,锻炼语言表达能力和想象力。游戏的难度要适中,既不能过于简单而让幼儿觉得无聊,也不能过于复杂而使幼儿产生挫败感,要根据幼儿的年龄特点和认知水平进行合理设置。

（三）参与性

设计游戏时，应充分考虑幼儿的兴趣和需求，提供多样化的游戏角色和任务，让幼儿能够根据自己的喜好进行选择。在"角色扮演"游戏中，设置医生、护士、病人、消防员、警察等多种角色，幼儿可以根据自己的兴趣扮演不同角色，参与游戏情境。要给予幼儿足够的自主决策空间，让他们能够在游戏中发挥自己的想象力和创造力。在搭建积木游戏中，不规定幼儿必须搭建什么造型，而是让他们自由发挥，按照自己的想法搭建出各种建筑或物体，增强幼儿的参与感和成就感。

（四）互动性

教师在游戏中应扮演引导者和支持者的角色，积极与幼儿互动，激发幼儿的思考和探索欲望。在科学实验游戏中，教师可以提出一些具有启发性的问题，如"为什么会出现这种现象呢？"，引导幼儿观察实验现象，思考背后的科学原理。幼儿之间的互动可以促进他们的社会交往能力和合作能力的发展。在团队合作游戏"接力比赛"中，幼儿分组进行比赛，需要相互配合、相互鼓励，共同完成比赛任务，在互动中学会沟通、协作和分享。

在游戏化教学的设计方法上，首先要明确教学目标，这是设计游戏的出发点和落脚点。教师需要深入研究教学内容，确定通过游戏化教学想要让幼儿掌握的知识、技能以及培养的情感态度等目标。在"认识植物"的教学中，教学目标可以设定为让幼儿了解常见植物的名称、特点和生长环境，培养幼儿对植物的观察能力和爱护植物的意识。

游戏类型应根据教学目标和幼儿的兴趣爱好、年龄特点等进行选择。常见的游戏类型包括角色扮演游戏、建构游戏、益智游戏等。对于小班幼儿，可以选择一些简单的角色扮演游戏，如"娃娃家"，让幼儿在模仿家庭生活的过程中学习基本的生活常识和社交技能；对于中班幼儿，可以开展建构游戏，如用积木搭建各种建筑，培养幼儿的空间认知能力和动手能力；对于大班幼儿，可以组织一些益智游戏，如拼图、棋类游戏等，锻炼幼儿的思维能力和解决问题的能力。

精心设计游戏情节和规则是游戏化教学成功的关键。游戏情节要生动有趣、富有吸引力，能够激发幼儿的好奇心和探索欲望。在"森林冒险"游戏

中，幼儿扮演探险家，在森林中寻找宝藏的情节，可设置一些障碍和挑战，如跨越小溪、穿过山洞等，增加游戏的趣味性和挑战性。游戏规则要简单明了、易于理解和遵守；同时，要确保游戏的公平性。在"跳绳比赛"游戏中，要明确规定比赛的时间、跳绳的方式以及计数方法等规则，让幼儿清楚知道如何参与游戏。

为了增强游戏的趣味性和吸引力，还需要准备丰富多样的游戏道具和场景。道具要具有形象直观、色彩鲜艳、安全环保等特点，能够吸引幼儿的注意力。在"水果分类"游戏中，要准备各种逼真的水果模型作为道具，让幼儿通过观察、触摸水果模型，更好地进行分类游戏。场景布置要符合游戏主题，营造出真实的游戏氛围。在"医院"角色扮演游戏中，要将游戏场地布置成医院的样子，摆放病床、医疗设备等道具，让幼儿更好地融入游戏角色。

三、实践案例：游戏活动在幼儿园教学中的应用

下面以某幼儿园开展的"超市购物"游戏活动为例，深入剖析游戏化教学在促进学前教育融合方面的显著成效。

在活动准备阶段，教师根据幼儿的年龄特点和认知水平，精心构建了一个模拟超市的场景。超市内划分了食品区、玩具区、日用品区等不同区域，每个区域摆放着琳琅满目的商品模型，这些商品模型均贴上了清晰的价格标签，价格设定在幼儿能够理解和计算的范围内；同时，教师为幼儿准备了一定数量的模拟货币，包括纸币和硬币，让幼儿在游戏中体验真实的购物支付过程。

在活动过程中，幼儿分别扮演顾客和收银员的角色。顾客们手持购物清单，上面列有需要购买的商品名称和数量，他们在超市中穿梭，根据清单挑选商品。在挑选过程中，幼儿需要观察商品的种类、价格，并进行比较和选择，这一过程锻炼了幼儿的观察力和决策能力。例如，在购买水果时，幼儿会比较不同水果的价格和新鲜程度，思考如何用有限的货币购买到自己喜欢且性价比高的水果。当顾客挑选好商品来到收银台时，收银员需要准确地计算商品的总价，并与顾客进行货币的交换和找零。这对收银员的数学运算能力提出了挑战，他们需要熟练地进行加法和减法运算，确保交易准确无误。在一次购物中，一位顾客购买了一个5元的玩具和一盒3元的饼干，收银员迅

速算出总价为 8 元，当顾客支付 10 元时，收银员准确地找零 2 元，在这个过程中，幼儿的数学运算能力得到了实际应用和提升。

在游戏过程中，幼儿之间的互动交流非常频繁。顾客和收银员之间需要礼貌的沟通，如顾客会询问收银员商品的价格、位置，收银员会热情地回答并帮助顾客；同时，顾客之间也会相互交流购物心得，分享自己发现的好物和购物技巧。在食品区，两位顾客就哪种面包更好吃展开了讨论，他们分享自己的口味偏好和对面包的评价，这不仅丰富了幼儿的语言表达，还促进了他们的社会交往能力。

在游戏结束后，教师组织幼儿进行了回顾和总结，引导幼儿分享自己在游戏中的体验和收获，如购买到心仪商品的喜悦、计算价格时遇到的困难以及如何解决等。教师还对幼儿在游戏中的表现进行了评价，肯定了他们的优点，如能够准确计算价格、礼貌待人等，同时也指出了存在的不足，如个别幼儿在计算时出现错误、与同伴交流时不够主动等，并给予了针对性的建议和指导。

通过"超市购物"游戏活动，幼儿在多个方面实现了知识与实践的深度融合。在知识层面，幼儿不仅认识了各种商品，了解了它们的用途和特点，还掌握了货币的概念和简单的加减法运算。在技能方面，幼儿的观察力、思维能力、语言表达能力、社会交往能力以及数学运算能力都得到了锻炼和提高。在情感态度价值观方面，幼儿在游戏中体验到了购物的乐趣，增加了对生活的热爱和对社会角色的理解，培养了良好的消费意识和理财观念。这一案例充分表明，游戏化教学能够为幼儿提供生动、真实的实践情境，让幼儿在游戏中学习，在实践中成长，有效地促进学前教育融合发展。

第四节 主题式实践融合课程的开发与实施案例

一、主题式实践融合的设计思路

主题式实践融合的设计理念是，以幼儿的生活经验和兴趣点为出发点，

打破学科界限,将多个领域的知识和技能有机融合在一个主题情境中,让幼儿在实践探究中实现知识的整合与应用,促进其全面发展。

在主题选择上,我们充分关注了幼儿的日常生活、兴趣爱好以及社会热点等方面。例如,从幼儿熟悉的家庭生活、幼儿园生活中挖掘主题,如"我爱我家""快乐的幼儿园"等主题,能让幼儿有丰富的生活经验可依托,易于激发他们的参与热情。结合社会热点和季节特点也是常见的主题选择方式,如在环保意识日益增强的当下,开展"绿色小卫士"主题活动,引导幼儿了解环境保护的重要性,学习垃圾分类、节约能源等环保知识和技能;在春天这一万物复苏的季节,开展"春天的秘密"主题活动,让幼儿观察春天里植物的生长变化、动物的活动等,感受大自然的神奇与美好。

目标设定围绕幼儿的全面发展,涵盖知识、技能、情感态度价值观等多个维度。在知识目标上,根据主题内容,确定幼儿需要了解和掌握的相关知识。在"交通工具"主题中,知识目标可设定为让幼儿认识常见交通工具的名称、外形特征、用途等,了解不同交通工具的运行方式和适用场景。技能目标注重培养幼儿在实践活动中所需的各种能力,如观察能力、动手操作能力、语言表达能力、合作能力等。在"小小建筑师"主题活动中,技能目标可以是锻炼幼儿的空间认知能力和动手搭建能力,让他们学会使用积木等材料搭建简单的建筑模型,同时培养幼儿在团队合作中与同伴沟通、协商、分工的能力。情感态度价值观目标则着重培养幼儿积极的情感体验和正确的价值观。在"关爱小动物"主题活动中,情感态度价值观目标可以是激发幼儿对小动物的关爱之情,培养他们的同情心和责任感,让幼儿懂得尊重和保护动物的生命。

内容组织以主题为核心,整合多个学科领域的内容,形成一个有机的整体。以"奇妙的水世界"主题为例,在科学领域,幼儿可以通过观察水的形态变化(如冰融化成水、水蒸发成水蒸气等),了解水的物理特性;在艺术领域,幼儿可以用水彩、水粉等绘画工具创作与水有关的绘画作品,如大海、河流、瀑布等,或用彩泥制作水的造型;在语言领域,教师可以讲述与水有关的故事、儿歌,让幼儿学说关于水的词汇和语句,提高语言表达能力;在健康领域,开展与水相关的游戏活动,如"水上接力赛",锻炼幼儿的身体协调能力和运动技能；在社会领域，引导幼儿了解水在生活中的重要性，培养节约用水的意识。这样的内容组织方式，让幼儿在一个主题活动中从多个角度深入探究，实现知识和技能的融会贯通。

二、主题式实践融合活动的实施步骤与策略

主题式实践融合活动通常包括活动导入、实践探究、成果展示与总结反思等关键实施步骤，每个步骤都有其独特的教学目标和实施策略，它们相互关联、层层递进，共同促进幼儿在主题活动中实现知识与技能的提升、情感态度价值观的培养以及综合能力的发展。

（一）活动导入

教师可采用多种方式进行导入，如故事导入法。在"奇妙的动物世界"主题活动中，教师讲述一个关于小动物迷路的故事，故事里的小动物们有着不同的生活习性和特点，引发幼儿对动物的好奇，进而提出"我们一起来帮助小动物找到回家的路，同时了解它们的秘密"的活动主题，激发幼儿参与活动的热情。情境导入法也是常用的方式，教师通过创设与主题相关的逼真情境，让幼儿身临其境感受主题氛围。在"我爱我家"主题活动中，教师将教室布置成温馨的家庭场景，摆放着小床、桌椅、厨房用具等，幼儿进入这个情境后，自然地融入对家庭生活的探索中，如模仿家长做家务、照顾娃娃等。问题导入法则通过提出富有启发性的问题，引发幼儿的思考和讨论，从而引入主题。在"环保小卫士"主题活动中，教师提问："小朋友们，你们发现最近我们周围的环境有什么变化吗？为什么会这样呢？"引导幼儿观察周围环境，思考环境问题，进而引出环保主题，激发幼儿对环境保护的关注和探索欲望。

（二）实践探究

幼儿在实践探究环节中通过亲身实践、自主探索、合作交流等方式，深入了解主题内容，获取知识和经验，锻炼各种能力。教师应根据主题内容和幼儿的年龄特点，提供丰富多样的实践活动形式。在"探索植物的奥秘"主题活动中，组织幼儿进行实地观察，带领他们到植物园、花园等地，观察不同植物的形态、颜色、生长环境等，引导幼儿用眼睛看、用手触摸、用鼻子闻，直观地感受植物的特点。可以开展实验操作活动，如种植实验，让幼儿

亲自参与播种、浇水、施肥等过程，观察植物的生长变化，了解植物生长所需的条件；还可以进行一些简单的科学实验，将两盆相同的植物分别放在有光和无光的环境中，观察它们的生长差异，探究植物的向光性，培养幼儿的观察能力和科学探究精神。合作探究活动也是重要的实践形式，在这一形式下，幼儿分成小组，共同完成一个任务或解决一个问题。在"搭建我们的城市"主题活动中，幼儿分组用积木搭建城市模型，他们需要共同讨论城市的布局、建筑的种类等，分工合作完成搭建任务，在这个过程中，幼儿学会了沟通、协商、合作，提高了团队协作能力和解决问题的能力。在实践探究过程中，教师要扮演好引导者和支持者的角色，鼓励幼儿积极思考、大胆提问，为幼儿提供必要的指导和帮助，如提供相关的资料、工具，解答幼儿的疑问，引导幼儿正确地进行实验操作和观察记录等。

（三）成果展示

成果展示是幼儿展示自己在主题活动中所学、所获、所感的重要环节，通过展示，幼儿不仅能够增强自信心和成就感，还能锻炼语言表达能力、展示能力和自我反思能力。教师可以根据主题内容和幼儿的兴趣爱好，选择合适的成果展示形式。作品展示是常见的方式，将幼儿在活动中制作的手工艺品、绘画作品、实验报告等进行展示，如在"美丽的春天"主题活动中，展示幼儿画的春天的美景、用彩泥制作的春天的花朵等作品，让幼儿介绍自己作品的创作思路和所表达的对春天的感受。表演展示则让幼儿通过角色扮演、歌舞表演等形式展示对主题的理解，如在"传统节日知多少"主题活动中，幼儿表演关于春节、端午节等传统节日的短剧，展示节日的习俗和文化内涵。汇报展示是幼儿以小组或个人的形式向大家汇报在活动中的探究过程、发现和结论，如在"交通工具的奥秘"主题活动中，小组代表汇报他们对不同交通工具特点、用途的研究成果，分享在调查过程中的有趣经历和收获。在成果展示过程中，教师要给予幼儿充分的肯定和鼓励，引导其他幼儿认真倾听和欣赏，组织幼儿进行交流和评价，让幼儿在分享和交流中相互学习、共同进步。

（四）总结反思

总结反思是主题式实践融合活动不可或缺的环节，它有助于幼儿梳理活动中的经验和知识，深化对主题的理解，同时培养幼儿的反思能力和总结归纳能力。教师可以组织幼儿回顾整个活动过程，引导他们思考在活动中遇到的问题、解决问题的方法以及自己的收获和不足。在"我爱我家"主题活动结束后，教师提问："小朋友们，在这次活动中，你们觉得最有趣的是什么？有没有遇到什么困难？是怎么解决的呢？通过这次活动，你们对家有了哪些新的认识？"让幼儿积极发言，分享自己的感受和体会。教师也要对活动进行总结和反思，分析活动目标的达成情况、活动过程中存在的问题以及改进的措施，为今后开展类似活动提供经验参考。例如，如果在活动中发现幼儿对某个知识点理解困难，教师可以思考是否教学方法不当，在下次活动中尝试采用更生动、直观的教学方法；如果活动时间安排不合理，导致某些环节仓促完成，教师则要在今后的活动设计中更加合理地规划时间。

三、案例剖析："我爱我的家"主题实践活动

下面以某幼儿园开展的"我爱我的家"主题实践活动为例，详细解析主题式实践融合的实施过程、成果与反思。

在活动导入阶段，教师采用情境导入法，在教室摆放小床、桌椅、厨房用具等道具，营造出浓厚的家庭氛围。幼儿进入教室后，立刻被眼前的场景所吸引，自然而然地融入对家庭生活的探索中。教师播放轻柔的音乐，引导幼儿观察教室里的布置，提问："小朋友们，看这里像不像你们的家呀？你们在家都喜欢做些什么呢？"幼儿们纷纷积极回应，分享自己在家里的趣事，如和爸爸妈妈一起看电视、玩游戏以及帮妈妈做家务等，由此顺利引入"我爱我的家"主题，激发了幼儿对活动的兴趣和期待。

在实践探究阶段，教师组织了丰富多样的活动。开展"家庭成员小调查"活动，幼儿通过与家长交流、观察家庭照片等方式，了解家庭成员的基本信息，如姓名、年龄、职业、爱好等。然后，幼儿用绘画或简单的文字记录下自己的调查结果，并在课堂上向同伴介绍自己的家庭成员。在这个过程中，幼儿不仅锻炼了语言表达能力，还增进了对家庭成员的了解和认识。进行"家庭趣事分享会"，幼儿分组围坐在一起，分享自己家里发生的有趣事情。有的幼儿讲述了和家人一起去公园游玩的快乐经历，有的幼儿分享了自

己过生日时的温馨场景。在分享过程中，幼儿们认真倾听同伴的故事，不时发出欢快的笑声，通过交流互动，他们感受到了不同家庭的温暖和幸福，同时也提高了社会交往能力。组织"我为家人做件事"实践活动，鼓励幼儿回家后为家人做一件力所能及的事情，如扫地、洗碗、给爷爷奶奶捶背等。幼儿们积极参与，回家后认真完成任务，并将自己的实践过程用照片或视频的形式记录下来，带回幼儿园与同伴分享。通过这些活动，幼儿学会了关爱家人，懂得了感恩，增强了家庭责任感。

在成果展示环节，教师根据幼儿的兴趣和特长，组织了多种形式的展示活动。举办"我的家"绘画展，幼儿们用画笔描绘出自己心中温馨的家，有的画了一家人在客厅里看电视，有的画了自己和爸爸妈妈在花园里玩耍。幼儿们在画作旁贴上自己的名字和对作品的简单介绍，向同伴展示自己家庭的特点和幸福生活。开展"家庭故事演讲会"，幼儿们自信地走上讲台，讲述自己家里的故事，他们用生动的语言、丰富的表情和肢体动作，将故事中的情节展现得淋漓尽致。台下的幼儿认真倾听，不时为演讲的小伙伴鼓掌加油。通过演讲，幼儿们的语言表达能力和自信心得到了极大的提升。制作"我爱我家"手工相册，幼儿们将自己和家人的照片贴在相册上，并在旁边写下对家人的祝福和想说的话，如"爸爸妈妈，我爱你们""祝爷爷奶奶身体健康"等。在相册制作完成后，幼儿们互相欣赏，分享彼此对家庭的爱和温暖。

在活动结束后，教师组织幼儿和家长进行了全面的总结和反思。教师引导幼儿回顾整个活动过程，提问："小朋友们，在这次'我爱我的家'活动中，你们觉得最有趣的是什么？有没有遇到什么困难？是怎么解决的呢？通过这次活动，你们对家有了哪些新的认识？"幼儿们积极发言，分享自己的感受和体会。有的幼儿说最喜欢家庭趣事分享会，因为听到了很多有趣的故事；有的幼儿表示在为家人做事时遇到了一些小困难，如洗碗时不小心打碎了盘子，但在爸爸妈妈的鼓励下，学会了正确的洗碗方法。通过交流，幼儿们进一步深化了对家庭的认识，明白了家人之间要相互关爱、相互帮助。家长们也对活动给予了高度评价，他们表示通过这次活动，孩子变得更加懂事了，回家后主动帮忙做家务，对家人的关心也更多了；同时，家长们也提出了一些宝贵的建议，如希望以后能多开展类似的活动，加强家园合作，共同促进孩子的成长。教师对活动进行了深入的反思，认为活动目标基本达成，幼儿在活动中积极参与，在知识、技能、情感等方面都取得了一定的进步。但也存在一些不足之处，如活动时间安排有些紧凑，导致个别幼儿分享和展示的时间不够充分；在引导幼儿深入思考家庭的意义和价值方面还有待加强。针对这些问题，教师表示在今后的活动中会更加合理地规划时间，给予幼儿更多的表达和展示机会，同时加强对活动内容的深度挖掘，引导幼儿进行更深入的思考和探究。

第五节 幼儿园劳动教育的创新实践

一、劳动教育的概念

（一）劳动教育核心概念的界定

《辞海》（第七版）将劳动教育界定为：对学生进行热爱劳动及劳动人民、珍惜劳动成果、树立正确的劳动观点和劳动态度、通过日常生活培养劳动习惯和技能的教育活动。檀传宝先生认为"劳动教育"可以定义为：以促进学生形成劳动价值观（即确立正确的劳动观点、积极的劳动态度，热爱劳动和劳动人民等）和养成良好劳动素养（即形成劳动习惯、有一定劳动知识与技能、有能力开展创造性劳动等）为目的的教育活动。

劳动教育被视为"五育"之一，作为国民教育体系的重要内容，是帮助学生形成正确的劳动观念和态度、掌握基本的劳动知识与技能、学会科学地进行劳动活动、养成正确的劳动教育价值观和良好的劳动品质与习惯的教育。

（二）幼儿园劳动教育的概念

幼儿教育专家霍力岩先生认为，幼儿园劳动教育是指"支持幼儿在亲历实践和动手操作的过程中有目的、有意识地运用体力和智力改造外部世界，从而获得劳动知识、劳动技能、劳动习惯、劳动意识和劳动情感等方面发展的一种教育活动"。教育部职业技术教育中心研究所副所长曾天山、南京师范大学教育科学学院院长顾建军认为，幼儿园的劳动教育是"围绕幼儿认识劳动世界、参与现实劳动活动方面，从幼儿兴趣的激发入手，培养幼儿参与劳动活动的自信心，进行劳动意识方面的启蒙教育"。

幼儿园劳动教育是幼儿园在按照劳动教育要求和遵循幼儿发展特点的基础上，有目的、有计划、有组织地帮助幼儿在日常生活中掌握基本的劳动生活技能，培养热爱劳动人民、尊重劳动成果的劳动情感，树立劳动最光荣、劳动最伟大的劳动意识的教育活动。

二、幼儿劳动教育的目的定位

（一）宏观层面

由于幼儿教育是基础教育的初始阶段，因此培养我国社会主义现代化建设事业的合格建设者和可靠接班人、促进公民的全面发展，都需要加强幼儿园劳动教育。劳动教育是国民教育体系的重要内容，为落实"五育"并举的教育方针、实现幼儿全面发展，也需要推进幼儿园劳动教育。劳动教育在解决集体和个人形成的基本问题中占有核心地位，并在为共产主义社会的建造准备积极的建设者上具有决定性意义。

（二）微观层面

幼儿是幼儿劳动教育的主体，因此促进幼儿身心全面发展也理应是幼儿劳动教育的核心目的。陈鹤琴先生认为，对儿童实施劳动教育可以提高幼儿手、眼、脑的协调与控制能力，促进儿童智力的发展；可以激发儿童对劳动的探索热情，磨炼意志，培养儿童良好个性，为未来生活打下良好基础。檀传宝先生认为，劳动教育除了要"磨炼意志"，还要让孩子们通过劳动见证自己的自主性和创造性，在劳动过程中感受劳动的荣光、劳动的创造与劳动的美好。劳动教育在塑造儿童性格、帮助提升儿童道德和意志品质以及整体活动水平中发挥着作用。对幼儿自身来讲，劳动教育的主要目的是培养幼儿的劳动情感、态度、自信心及基本生活能力，让幼儿收获快乐的劳动体验、学会尊重身边的劳动者、培育劳动自信、掌握基本的生活自理能力并养成良好的生活习惯，为以后的社会生活做准备。

三、幼儿劳动教育的内容体系

目前大部分学者以陈鹤琴先生的观点为依据进行对关于幼儿劳动教育内容的阐述，主要包括参加简单劳动活动和认识成人劳动两方面。例如，西南大学教育学部教授胥兴春认为："在幼儿阶段，简单的劳动活动应包括以生活自理为目标的自我服务性劳动、为群体和公共事务效力的公益性劳动、种植饲养活动以及手工劳动等基础性劳动；认识成人劳动是组织幼儿认识成人劳动的不同形式和成果。"张艺丝又分别从健康、语言、社会、科学和艺术等五大领域以及幼儿年龄阶段和身心发展水平两个方面对其进行了补充，提出幼儿劳动教育应融合这五大领域的内容，并使五大领域教学成为幼儿劳动教育内容的载体，以及要根据幼儿年龄和身心发展水平的不同，不断丰富劳动内容、扩大劳动范围、增加劳动要求的建议。据此，幼儿劳动教育内容应以自我服务劳动、集体服务劳动、种植饲养劳动和手工劳动为主，并将其融于五大领域的教学内容当中。

四、幼儿劳动教育的特点

（一）幼儿劳动教育的启蒙性

幼儿阶段为人生的初始阶段，在此阶段接受的教育应为个体将来生活做准备，因此幼儿阶段的劳动教育应具有启蒙性。杨涛在对杜威"经验自然主义教育观"进行研究的基础上提出："幼儿劳动教育的启蒙性在于使幼儿通过养成良好习惯来形成热爱劳动和尊重劳动的内在动力。"蒙台梭利在教育实验中也揭示了幼儿教育阶段的劳动教育具有隐性教育的特点，即培养幼儿的劳动情感、态度、自信心及基本生活能力，追求劳动的启蒙价值和体验价值。

（二）幼儿劳动教育的游戏性

张雪门先生十分重视幼儿劳动习惯的养成，并强调通过游戏的方式进行劳动教育。赵荣辉认为幼儿劳动具有游戏精神，在遵守规则的前提下，儿童在劳动与游戏中进行合理的竞争，能使儿童更加充满激情地投入现实的劳动世界之中。在对幼儿进行劳动教育时，徐婉婷提出教师要为幼儿创造劳动游戏的条件，让幼儿在游戏中提升劳动技能；朱天荣也倡导利用游戏化教学的

方式培养幼儿的卫生习惯及劳动意识。由此可见，游戏活动可作为幼儿劳动的一种形式，可以借助"劳动游戏"对幼儿进行劳动教育。

（三）幼儿劳动教育的非功利性

王梦鸿在对比幼儿劳动与成人劳动的区别时得出幼儿劳动没有外在目的这一结论，并要求教育者遵循幼儿的身心发展规律，合理安排幼儿的劳动时间和劳动任务，使幼儿通过平和的、非功利的、恰当的进程来体验自我身心的有序生长。袁玥也通过对比幼儿劳动与成人劳动的不同，总结出幼儿劳动的目的在于培养和锻炼自身能力，而成人劳动则出于对劳动成果的追求。由此可见，幼儿的劳动具有非功利性的特点，注重对幼儿自身能力的培养与锻炼。因此，在组织实施幼儿劳动教育时应注重幼儿的身心发展特点和劳动情感体验，看重幼儿的劳动过程，而不能一味追求劳动结果。

据此，幼儿园在制定劳动教育的实施路径时要以正确的幼儿劳动教育思想为指引，结合对当前幼儿劳动教育的目的定位、内容体系、独有特点及本园特点的分析，从课程设置、基地建设、活动开展、游戏创设、师资队伍建设、经费投入、安全管制、评价体制建构、家园合作等多方面设计规划出有利于实施劳动教育的多种渠道和方式，使各路径能在实践中得到检验并不断完善。

五、幼儿园实施劳动教育存在的困境

幼儿园劳动教育是幼儿教育的重要组成部分，具有非常重要的意义。劳动教育可以为幼儿提供实践机会，培养实用技能，增强自信心和自我价值感，形成健康的人生观和价值观。但是，现实中幼儿园劳动教育存在诸多难题，如何破解这些难题并提高幼儿园劳动教育的质量成了一个重要的研究课题。

（一）现实条件的限制

许多幼儿园的场地和设备存在不足，如缺乏宽敞的室内和外部空间、工具设备不足等。这些条件的限制使得幼儿园无法开展多种多样的活动和实践，也无法为幼儿提供充足的学习机会。此外，现代城市环境下的家长对孩子的娇惯也对劳动教育产生了一定的负面影响，家长对于孩子的安全问题非常关注，很多时候会禁止孩子进行较为危险的活动，如在水池边玩耍、使用劳动工具等。这样很容易使幼儿缺乏真正的劳动体验和锻炼。

（二）人才与专业的双重不足

教师作为幼儿园的重要人才，不仅要保持理论水平的更新，也要不断加强实践经验的累积。但是，很多幼儿园教师缺乏较为实际的教学经验，导致他们无法有效引导和指导幼儿，往往仅仅停留在口号上。另外，幼儿园对劳动管理的专业化要求较高，需要专门的管理人员进行具体实施。然而，目前幼儿园劳动管理人员缺乏专业培训和实践经验，无法提供专业化的管理服务。

（三）对劳动教育的认识比较片面

幼儿园教师对于劳动教育的认识还不够充足，单纯地把劳动当作一项体力活动，对于种植饲养、手工以及为群体服务的劳动等，认为没有开展的必要。此外，教师过于注重对幼儿智力和艺术能力的培养，往往忽视劳动教育，没有给幼儿提供参与劳动的空间和机会，在一定程度上抑制了幼儿综合素质的发展。

（四）劳动教育具体内容过于简单

幼儿园的劳动教育内容比较简单，很少涉及种植饲养、手工和为群体服务的劳动。即使涉及这些内容，也更偏向形式化，如种植饲养劳动仅局限于让幼儿观赏植物，却没有引领幼儿栽种花草、饲养小动物等；手工劳动也局限于画画和搭建积木，没有涉及公益劳动和工程劳动等；为群体服务的劳动也只是偶尔让幼儿给其他同伴分发碗筷，没有提供为班级、为家庭、为幼儿园服务的机会。上述形式化的内容导致劳动教育的效果与目标出现了偏差。

（五）劳动教育途径方法较为欠缺

不同的教育方法会给劳动教育带来不同的效果，目前幼儿园劳动教育普遍存在着途径单一、方法欠缺的现象。大部分教师依旧采用说教的方式，通过讲故事或谈话等毫无新意的方式对幼儿进行指导，这不仅会让幼儿觉得劳动教育是一件枯燥、乏味的事情，还会降低他们对劳动的热爱程度。因此，教师应该不断探索并创新开展劳动教育的途径和方法，尽可能地通过丰富多样的实践活动来调动幼儿参与劳动的热情，优化幼儿的劳动体验，只有这样才能取得良好的教育效果。

（六）劳动教育评价的功利性较强

劳动教育评价的功利性较强是指家长和教师都过分关注幼儿参与劳动活动的成果，盲目地用最终的劳动成果来评价好坏，却忽视了幼儿在劳动过程中的具体表现，如是否坚持劳动、是否与人合作等。只追求让幼儿获得较强的劳动技能，却忽略了对劳动情感的培养，这种功利性较强的评价方式与劳动教育的初衷互相背离。因此，教师必须加强对具体劳动过程的关注和评价。

（七）劳动教育主体的地位存在偏差

当前幼儿园在开展劳动教育的过程中，依然存在着教师一人主导、一人独断的现象，还是以教师为中心，过于突出教师的"说教"和"指导"，却忽略了幼儿的主体体验和发展，一味地要求幼儿对劳动技能进行机械式的操练和模仿，幼儿只能被教师"牵着鼻子走"。这样导致劳动教育主体的地位产生了较大的偏差，在一定程度上抑制了幼儿创造力、实践能力的有效发展。因此，教师必须由以往独断、权威、专制的角色向幼儿的引路人和指导者有效转变，让劳动主体回归幼儿，使幼儿成为劳动教育的中心。

六、幼儿园劳动教育的创新实践路径

（一）设置多维度的劳动教育课程

幼儿园应认真解读新时代加强劳动教育的意义，同时理解劳动教育在幼儿教育中的重要地位，将劳动教育与五大领域教育相融合，并注重劳动教育课程的趣味性和生活性，契合幼儿年龄特点，才能使劳动教育课程发挥教育效力，促进幼儿身心全面发展。

1. 创设"五育"并举的劳动教育课程

劳动教育是在长期的教育实践中同其他各育相伴发展起来的，是关于培养人的经验的概括和总结。在设置劳动课程时要充分体现劳动教育的树德、增智、强体、育美的综合育人价值，创设"五育"并举的劳动教育课程。

树德价值要求在实践中培养幼儿树立"劳动最光荣、劳动最崇高、劳动最伟大、劳动最美丽"的正确劳动价值观。

由于幼儿劳动教育的启蒙性，因此增智方面的劳动活动要以锻炼幼儿手脑协调和动作协调能力为主，这就意味着活动的开展离不开幼儿亲身实践操作，要为幼儿提供动手操作的机会。比如，在开展劳动日主题活动时，班级环境的布置任务交给幼儿，让幼儿以自己喜爱的劳动为主题，参与环创设计，发挥劳动教育的增智价值。

强体价值要求通过系统、持续的劳动锻炼，使幼儿的身体机能获得健康的发育和生长。由于幼儿骨骼和肌肉发育不完善，在劳动实践时要注意选择适宜的工具、合理的任务强度和时长安排。在安排值日生活动时，应选择适宜幼儿抓取和使用的劳动工具，并督促值日生及时完成值日工作，促进幼儿责任感的形成，发挥劳动教育的强体价值。

育美价值则要求在劳动中帮助幼儿挖掘美、激发美、体验美和创造美。比如，教师可以在落叶纷飞的秋季组织幼儿参与捡拾落叶的活动，活动前可以引导幼儿感受秋落之美，活动后可以让幼儿驻足停留，欣赏幼儿园的干净整洁；还可以将捡拾的落叶做成粘贴画，通过一系列的活动将美育与劳育完美融合，发挥劳动教育的育美价值。新时代提出了要努力构建德智体美劳全面培养的教育体系的要求，幼儿教育又在国民教育体系中占有基础地位，理应创设出符合时代要求的"五育"并举的劳动教育课程。

2. 开设"领域融合"的劳动教育课程

幼儿园在开展劳动教育活动时要深度解读《3~6岁儿童学习与发展指南》中与劳动相关的教育要求，理解五大领域与劳动的关系。幼儿园还应根据实际的教育活动安排，将各领域活动与劳动教育进行合理融合。比如，在中班艺术领域活动"理发师"中，教师可从中衍生出一系列活动，如"探究理发师的秘密"的社会领域活动、"理发店"的区域活动，让幼儿从歌词里、从生活中、在实践中体验理发师的服务工作，从而逐步培养幼儿服务他人、尊重劳动服务人员的劳动观念。这一系列的活动构成"领域融合"的劳动教育课程，让幼儿在劳动中活跃思维、发展智力、提高语言表达能力，实现劳动教育与科学领域的融合。"领域融合"的劳动教育课程既符合《幼儿园教育指导纲要》与《3~6岁儿童学习与发展指南》对幼儿教育的要求，又能提高劳动教育在幼儿教育中的地位，促进幼儿全面发展。

3. 开发具有园本特色的劳动教育课程

特色的劳动教育课程也是实施劳动教育的重要资源。幼儿园可以根据园

本特色和地域特点开发特色的劳动教育课程。但要注意的是，除了展现园本文化和乡土风情外，劳动教育特色课程还必须符合幼儿身心发展特点，为不同年龄阶段幼儿设定不同主题的、贴近生活的、螺旋上升式的劳动教育内容；还要邀请社会劳动专业人员加入，保证园本劳动课程的整体性、有效性和稳定性。特色的劳动教育课程既能彰显幼儿园园本文化、有效开发利用当地自然劳动资源、宣扬当地文化特色，还能丰富幼儿劳动生活、提高幼儿劳动教育质量、促进教师专业发展。

（二）建设园内外稳定的劳动教育实践基地

劳动教育实践基地是幼儿园为开展劳动教育活动而专门设立的实践性操作基地。作为劳动教育的重要载体，建设稳定可靠的劳动教育实践基地是发挥劳动教育综合育人价值的关键。幼儿园要从办园特色和课程实际出发，充分利用园内的空间资源，并获得社会的关注与支持，建立园内外稳定的劳动教育实践基地。

1. 以园所实际为依据建设劳动教育实践基地

园所劳动教育实践基地的建设是确保劳动教育发挥效力的根本，幼儿园内若没有可供幼儿亲身实践的劳动基地，则无法保证劳动教育的质量。但要注意的是，利用园所劳动教育实践基地时要符合各年龄阶段幼儿身心发展需求，幼儿园要合理安排各班进行劳动实践的时间，为每位幼儿提供平等的劳动机会，为各类活动配备相应的劳动工具和教师资源，提供教学保障。除园内集体的劳动基地外，各班也要根据班级教育教学活动的安排以及幼儿的发展兴趣和现实需要，在班级内创设小范围的劳作区域。

2. 努力联结社会劳动教育实践基地

园所劳动教育实践基地为幼儿劳动教育提供基本的物质基础，而社会劳动教育实践基地占地面积广，具有丰富的教育资源，能弥补幼儿园劳动教育资源的不足，拓宽幼儿视野，贴近幼儿社会生活，激发幼儿亲社会、亲生活的劳动情感，有利于幼儿完整劳动教育价值观念的形成。例如，一些靠近乡村的幼儿园可以与周边农户沟通合作建立生态劳作实践基地；位于非遗文化产地周边的幼儿园可以联系当地非遗手工馆，组织幼儿参观，为幼儿争取亲自动手制作非遗手工艺品的机会，帮助幼儿了解非遗文化的传承。因此，社会劳动教育实践基地的选择需遵循就近原则和适宜幼儿发展原则，并在维持基地正常工作秩序和不影响幼儿园教育活动开展的前提下合理利用，以确保社会劳动教育实践基地与幼儿园的长期合作，发挥劳动教育合力。

（三）开展多种形式的劳动教育活动

1. 利用常规活动实施劳动教育

常规活动中的劳动教育即幼儿在一日生活中的劳动教育，主要包括自我服务劳动和集体服务劳动这类能随时随地都得到开展的劳动教育活动。

自我服务劳动是幼儿一日生活中接触最多且必须做到的劳动，以保证幼儿日常生活需要得到满足。从入园开始，一系列的自我服务劳动便开始了。入园晨检、接待同伴、餐前准备及餐后整理、盥洗、如厕、午休、户外活动、游戏活动、离园整理等各个环节都要求幼儿具备一定的生活自理能力，这样才能保证班级内各项活动有序顺利地进行。这就需要教师随时随地对幼儿进行自我服务劳动的教育，通过游戏、比赛等形式巩固幼儿自我服务技能，帮助幼儿树立自我服务意识、掌握基本的生活自理能力，从而为幼儿的未来生活做好准备。

集体服务劳动活动的开展能够帮助幼儿更好地融入集体、在集体中生活，值日生劳动就是集体服务劳动活动的基本形式。教师要有意为每位幼儿安排值日生职位，设定好班级值日生工作任务，从一日生活的各个环节入手，让值日生幼儿成为同伴的生活小帮手和帮助教师组织活动的得力助手，让幼儿在参与劳动的同时提高独立做事的能力，增强幼儿的责任心和集体观念，树立幼儿的集体服务意识和奉献意识，从而为幼儿的社会生活打下基础。除值日生劳动外，教师还可以在区域游戏活动时间内安排小组幼儿进行图书修补、清洗玩具等劳动，督促幼儿整理区域物品，培养幼儿的集体意识，提高幼儿与同伴交流和协商解决问题的能力。

2. 举办富有劳动特点的教育活动

除常规生活中的劳动教育外，特色劳动教育活动的开展能扩充幼儿劳动知识，增长幼儿劳动技能，丰富幼儿劳动体验，提高幼儿劳动兴趣，帮助幼儿树立更加全面的劳动教育价值观。幼儿园可利用节日特色，借助植树节、劳动节、重阳节、世界粮食日等时机举办劳动教育主题月活动，开展一系列劳动认知与实践活动；也可根据园本特色开辟专门的劳动教育空间，举办手工劳作区活动、种植饲养活动、美食烘焙活动等。举办特色劳动教育活动，能够让幼儿有更加直观、生动、多样的劳动实践体验，在多种劳动活动中提高生活技能水平，在快乐的体验中养成劳动习惯。

（四）创设游戏化的劳动活动

儿童的劳动具有自发性、随意性及非功利性，不受固定的目的影响，而游戏性恰巧是对幼儿劳动这类特性的完美诠释，教育者应该为幼儿创设游戏化的劳动活动。

1. 发挥区域游戏的劳动教育作用

区域游戏中的环境创设、游戏材料的准备及使用、玩具的整理与清洁都能体现劳动的价值，教师应根据教育活动安排与幼儿共同创设区域游戏环境、共同收集多种类型的游戏材料、共同制定游戏规则，做到适时帮助但不干预幼儿游戏。

比如，在建构区游戏当中，游戏材料包括形状多样的可随意摆放、任意排列、反复搭建的积木或生活中废旧的柱体、方体物品。这类游戏材料的收集具有普遍性和随意性，幼儿帮忙收集材料的过程就已体现了劳动的价值。幼儿在搬运材料、想象表征、搭建构造、分类整理材料的建构游戏中不仅收获了愉悦的游戏体验，还使体力劳动和脑力劳动同时进行，提高了幼儿的动手操作能力和想象创造能力。

在益智区游戏中，教师不仅要投入雪花片、积塑片、雪糕棍等操作性强、可塑性高的低结构化材料，还要投放七巧板、智力拼图等目标指向性较强的高结构化材料。随着幼儿年龄的增长，教师应控制各类材料的投入比例，让幼儿在开发智力的同时，增强手指灵活度，提高手眼协调和动手操作的能力。

在"娃娃家"游戏中，教师要定期更换游戏主题，开设宝宝育儿室、开心超市、安心医院、芬芳花店等多个生活主题游戏，让幼儿在扮演各种角色中体验不同的生活场景、不同服务人员的工作状态，让幼儿懂得尊重他人劳动，引导幼儿学会主动协商解决生活中的问题，培养幼儿良好的劳动行为和劳动习惯。

2. 创设多种游戏融入幼儿劳动教育

除区域游戏外，教师还可以在各类劳动教育活动中创设不同类型的游戏活动，帮助幼儿进行劳动。角色扮演是最常用的游戏形式，教师可根据劳动任务的不同为各年龄阶段幼儿创设不同的游戏活动，比如：让小班幼儿扮演小猴捡拾落叶，让幼儿在角色扮演的游戏中进行愉快的劳作；为大班幼儿创设具有挑战性的、难度更高的"寻宝游戏"，让幼儿化身小小寻宝员，进行种植劳动，探寻种植的秘密，在游戏中体验劳动。

第六节　学前教育融合教学资源的整合与创新

一、教学资源的分类与现状分析

学前教育融合教学资源丰富多样，依据不同的标准可进行多种分类，而深入剖析当前教学资源的现状及存在的问题，是实现资源有效整合与创新的重要前提。

按照资源的呈现形式，学前教育融合教学资源可分为实物资源、数字化资源和人力资源。

实物资源包括各类教具、玩具、图书、自然物品以及生活物品等。色彩鲜艳、造型各异的积木，能让幼儿在搭建过程中锻炼空间认知能力和动手操作能力；内容丰富、画面精美的绘本，是幼儿获取知识、培养阅读兴趣的重要载体；来自大自然的石头、树叶、树枝等自然物品，用于手工制作、自然科学观察等活动，能激发幼儿对自然的探索欲望。

数字化资源涵盖图片、音频、视频、互动课件以及各种教育类App等。生动有趣的动画视频，能以直观形象的方式向幼儿传授知识，如通过播放科普动画让幼儿了解动物的生活习性。互动课件可以增强幼儿的学习参与感，如在数学教学中，利用互动课件进行数字游戏，可以让幼儿在操作中掌握数学运算。

人力资源主要指教师、家长以及社会专业人士等。教师是教学活动的组织者和引导者，其专业素养、教学经验和教育理念对教学效果起着关键作用；家长作为幼儿成长过程中的重要陪伴者，能够为教学活动提供家庭生活经验、职业知识等资源，如邀请医生家长来园讲解卫生保健知识；社会专业人士，如消防员、交警等，可通过开展讲座、实地参观等形式，为幼儿带来专业领域的知识和技能。

从资源的来源角度划分，学前教育融合可分为园内资源、家庭资源和社会资源。

园内资源包括幼儿园的基础设施，如功能室、区角、户外操场等，这些空间为幼儿提供了多样化的学习和活动场所；课程资源，如教学游戏、主题活动资源等，是实现教学目标的重要载体；教师资源，如教师的专业能力和教学方法等，直接影响幼儿的学习效果。

家庭资源包含家长的教育观念、育儿经验以及家庭环境等。家长积极参与幼儿园的教育活动，如参与亲子阅读、亲子手工制作等，能够增进亲子关系，同时为幼儿的学习提供家庭支持；家庭中的日常生活场景，如购物、做家务等，都是幼儿学习生活技能和社会常识的宝贵资源。

社会资源涵盖社区、企事业单位、博物馆、图书馆、科技馆等提供的资源。幼儿园与社区合作，组织幼儿参观社区图书馆，让幼儿感受阅读的氛围，培养阅读习惯；与博物馆合作开展主题活动，让幼儿通过参观文物展览，了解历史文化知识；科技馆的科普展览和互动体验设施，能激发幼儿对科学技术的兴趣，拓宽科学视野。

当前学前教育融合教学资源存在资源分配不均衡的问题。从地域上看，城市地区的幼儿园往往拥有丰富的教学资源，不仅硬件设施齐全，如配备先进的多媒体教学设备、宽敞的户外活动场地，而且软件资源也较为充足，有大量的优质绘本、丰富的数字教学资源库等。相比之下，农村地区的幼儿园教学资源相对匮乏，部分幼儿园可能缺乏必要的教具、玩具，数字化教学设备更是稀缺，网络覆盖不足，导致无法充分利用优质的在线教育资源。从幼儿园类型来看，公办幼儿园通常能获得更多的财政支持和政策扶持，在教学资源的配置上相对优越；而一些民办幼儿园，尤其是一些小型民办园，可能由于资金有限，在教学资源的投入上存在困难，难以满足幼儿全面发展的需求。在人力资源方面，城市幼儿园更容易吸引到专业素养高、教学经验丰富的教师，而农村和偏远地区幼儿园师资力量薄弱，教师流动性大，优秀教师资源稀缺。

资源共享程度较低也是一个突出的问题。由于受到传统观念的束缚以及竞争意识的影响，许多幼儿园之间缺乏有效的资源共享机制。各幼儿园往往将自己的教学资源视为私有财产，不愿意与其他园所分享。一些幼儿园开发的特色课程、教学案例等优质资源，仅在园内使用，没有进行广泛的推广和交流。在数字化资源方面，虽然网络技术为资源共享提供了便利条件，但部分幼儿园对数字化资源的共享存在顾虑，担心资源被盗用或失去自身特色，导致大量优质的数字化教学资源闲置，无法发挥其最大价值。家庭资源和社会资源与幼儿园资源之间的融合也不够紧密。家长参与幼儿园教育活动的深度和广度有限，部分家长仅仅偶尔参加家长会、亲子活动等，没有真正参与教学资源的开发和利用。幼儿园与社会机构之间的合作也不够常态化和系统化，社会资源在学前教育中的利用率较低。

部分教学资源的质量有待提高。在实物资源方面，一些教具、玩具的设计不够科学合理，不能很好地满足幼儿的学习和发展需求。部分玩具功能单一，缺乏趣味性和教育性，无法激发幼儿的兴趣和创造力。在数字化资源方面，存在内容良莠不齐的现象。一些教育类App或在线教学资源，存在知识错误、教学方法不当等问题，不仅无法起到良好的教育效果，反而可能误导幼儿。在人力资源方面，部分教师的专业素养和教学能力有待提升，不能有效地整合和利用教学资源，开展高质量的教学活动。一些教师缺乏创新意识，教学方法陈旧，习惯于传统的讲授式教学，无法充分发挥各类教学资源的优势。

二、资源整合的策略与方法

针对当前学前教育融合教学资源存在的问题，可采取多种策略与方法实现资源的有效整合，以提升资源的利用效率，为学前教育融合提供有力支持。

（一）数字化资源应用

建立学前教育融合数字化资源库是关键举措，整合各类优质的数字教学

资源，包括电子绘本、动画视频、互动游戏、教学课件等。这些资源应按照不同的学科领域、年龄段和教学主题进行分类整理，方便教师和幼儿查找和使用。利用云存储技术，实现资源的在线存储和共享，使教师和幼儿可以通过网络随时随地访问资源库，获取所需的学习资源。教师可以根据教学需求，从资源库中选择合适的数字资源，如在语言教学中，播放生动有趣的绘本动画，帮助幼儿理解故事内容，提高语言表达能力；在科学教学中，利用互动游戏让幼儿直观地感受科学现象，激发他们的探索欲望。积极开发和应用教育类 App 也是数字化资源应用的重要途径。这些 App 可以提供丰富多样的学习内容，如儿歌、故事、拼图、绘画等，以游戏化的方式吸引幼儿主动学习。一些 App 还具备亲子互动功能，家长可以和幼儿一起使用 App 进行学习，增进亲子关系的同时，也促进了幼儿的学习。在使用教育类 App 时，教师和家长要注意选择内容健康、教育性强的 App，并合理控制幼儿使用电子设备的时间，保护幼儿的视力。

（二）跨学科资源整合

在主题活动设计中，充分体现跨学科的理念，围绕一个主题，整合多个学科的教学资源。以"春天的秘密"主题活动为例：在科学领域，引导幼儿观察春天里植物的生长变化、动物的活动等，了解春天的自然现象；在艺术领域，组织幼儿绘画春天的美景、制作春天的手工艺品，如用彩泥制作花朵、用树枝制作鸟巢等，培养幼儿的艺术创造力；在语言领域，讲述与春天有关的故事、儿歌，让幼儿学说描写春天的词语和句子，提高语言表达能力；在健康领域，开展与春天相关的体育活动，如放风筝、踏青等，锻炼幼儿的身体协调能力和运动技能。通过这样的跨学科整合，幼儿能够从多个角度深入了解春天，实现知识和技能的融会贯通。

在教学过程中，教师之间的合作至关重要。不同学科的教师应加强沟通与协作，共同制订教学计划、设计教学活动。在数学和美术学科的整合中，数学教师可以与美术教师合作，开展"图形创意绘画"活动，让幼儿运用所学的数学图形知识，如圆形、三角形、正方形等，进行绘画创作。数学教师负责引导幼儿认识图形的特征和组合方式，美术教师则指导幼儿如何运用色彩和线条进行绘画表现，通过教师之间的合作，让幼儿在绘画中巩固数学知识，同时提高美术创作能力。

（三）园本资源的优化整合

在硬件设施方面，合理规划和利用幼儿园的空间和设备。对幼儿园的功能室进行优化布局，如将美工室、科学实验室、阅读室等功能室进行合理分区，方便幼儿开展不同类型的活动。充分利用户外场地，创设多样化的户外活动区域，如建构区、沙水区、种植区、攀爬区等，满足幼儿不同的运动和探索需求。对园内的教具、玩具进行定期整理和更新，淘汰一些陈旧、损坏的教具和玩具，补充一些符合幼儿年龄特点和教育需求的新教具、新玩具。建立教具、玩具共享机制，班级之间可以互相借用教具和玩具，提高教具、玩具的使用效率。在课程资源方面，加强园本课程的开发和建设。结合幼儿园的办园特色、地域文化和幼儿的兴趣爱好，开发具有园本特色的课程。例如，一所位于海边的幼儿园，可以开发"海洋文化"园本课程，通过组织幼儿参观海洋馆、海滩，观察海洋生物，了解海洋文化，开展与海洋相关的艺术创作、科学实验等活动，让幼儿在学习中感受海洋的魅力，增强对家乡的热爱之情。园本课程的开发要充分发挥教师的专业优势，鼓励教师积极参与课程设计和实施，同时要不断总结和反思，根据幼儿的学习效果和反馈，对园本课程进行调整和完善。

（四）家园社资源的协同整合

加强家园合作，充分发挥家长的教育资源作用。通过家长会、家长学校、家长开放日等活动，向家长宣传科学的育儿理念和方法，提高家长的教育意识和能力。邀请家长参与幼儿园的教学活动，如家长进课堂，让具有不同职业背景和专业技能的家长为幼儿讲解相关知识，如医生家长可以讲解卫生保健知识，警察家长可以讲解交通安全知识等。开展亲子活动，如亲子阅读、亲子手工制作、亲子运动会等，增进亲子关系的同时，也为幼儿的学习提供了家庭支持。

幼儿园要与社区建立良好的合作关系，充分利用社区的资源。组织幼儿参观社区的图书馆、博物馆、科技馆、消防队等场所，让幼儿在参观中增长见识，拓宽视野。与社区合作开展社会实践活动，如"环保小卫士"活动，组织幼儿参与社区的垃圾分类宣传、环境清理等活动，培养幼儿的社会责任

感和环保意识。邀请社区志愿者到幼儿园开展活动，如邀请退休教师为幼儿讲故事、邀请民间艺人教幼儿传统手工艺等，丰富幼儿的学习内容。幼儿园还可以与其他社会机构合作，如与企业合作开展赞助活动，为幼儿园提供教学设备、图书、玩具等物资支持；与高校合作开展教育研究，提升幼儿园的教育教学水平。

三、创新实践：某幼儿园教学资源整合案例

某幼儿园位于城市中心区域，周边社区资源丰富，家长素质普遍较高，具备良好的资源整合基础。然而，在以往的教学中，各类资源分散且未得到充分利用，教学效果受到一定影响。为了改善这一状况，该幼儿园积极探索教学资源整合与创新之路，取得了显著成效。

（一）建立完善的数字化教学资源库

该幼儿园通过与专业的教育资源平台合作，购买了大量优质的电子绘本、动画课程、互动游戏等资源，并按照不同的学科领域和年龄段进行分类整理，方便教师和幼儿查找使用。教师在语言教学中，从资源库中选取适合幼儿年龄的电子绘本，利用多媒体设备进行展示。生动的画面和标准的语音朗读吸引了幼儿的注意力，提高了他们的阅读兴趣和语言表达能力。幼儿园还鼓励教师自主开发数字化教学资源，如制作教学微视频。一位教师针对幼儿在数学运算方面的难点，制作了一系列有趣的微视频，通过动画演示和生动讲解，帮助幼儿理解数学运算的原理和方法。这些微视频上传到资源库后可供其他教师和幼儿学习使用，实现了资源的共享和优化。

（二）跨学科资源整合

在"我爱大自然"主题活动中，教师整合了科学、艺术、语言、健康等多个学科的资源。在科学领域，组织幼儿到户外观察植物的生长变化，了解植物的生命周期和生长环境，引导幼儿用放大镜观察树叶的纹理、用尺子测量植物的高度等，培养幼儿的观察能力和科学探究精神。在艺术领域，开展绘画活动，让幼儿用画笔描绘出自己眼中的大自然；组织手工制作，让幼儿利用树叶、树枝等自然材料制作手工艺品，如用树叶制作书签、用树枝搭建小房子等，培养幼儿的创造力和动手能力。在语言领域，教师讲述与大自然

有关的故事、儿歌，让幼儿学说描写大自然的词语和句子，如"郁郁葱葱的森林""清澈见底的小溪"等，提高幼儿的语言表达能力。在健康领域，组织幼儿进行户外体育活动，如爬山、放风筝等，锻炼幼儿的身体协调能力和运动技能。通过跨学科资源整合，幼儿能够从多个角度深入了解大自然，实现知识和技能的融会贯通。

（三）园本资源的优化整合

在硬件设施方面，幼儿园对功能室进行了重新规划和布置。将原来的一间普通教室改造成科学实验室，配备了丰富的实验器材和材料，如放大镜、显微镜、天平、化学试剂等，为幼儿提供了探索科学奥秘的场所。对户外场地进行了改造，增加了沙水区、攀爬区、种植区等户外活动区域。在沙水区，幼儿可以玩沙、玩水，进行建构和创意游戏；在攀爬区，幼儿可以锻炼自己的攀爬能力和勇气；在种植区，幼儿亲自参与种植蔬菜、花卉等植物，观察植物的生长过程，体验劳动的乐趣。在课程资源方面，幼儿园结合当地的文化特色和幼儿的兴趣爱好，开发了"家乡文化"园本课程。组织幼儿参观当地的博物馆、名胜古迹，了解家乡的历史文化和风俗习惯；开展与家乡文化相关的艺术创作、手工制作等活动，如制作家乡特色的手工艺品、画出家乡的美景等，让幼儿在学习中感受家乡的魅力，增强对家乡的热爱之情。

通过一系列的教学资源整合与创新举措，该幼儿园的教学质量得到了显著提升。幼儿的学习兴趣明显提高，在各类活动中表现出积极主动的态度，他们的观察力、思维能力、语言表达能力、动手能力和社会交往能力等都得到了全面发展。家长对幼儿园的满意度大幅提升，积极参与幼儿园的各项活动，家园合作更加紧密。幼儿园在当地的声誉也日益提高，吸引了更多的幼儿和家长。这一案例为其他幼儿园在教学资源整合与创新方面提供了宝贵的经验借鉴。

第四章
学前教育融合环境创设与支持体系构建

第一节　物理环境的适性化改造与融合设计

一、适性化改造原则

（一）安全性原则

安全性原则在学前教育物理环境改造中占据着首要地位，是保障幼儿健康成长的基石。幼儿由于年龄小，自我保护能力较弱，对潜在的危险缺乏足够的认知和判断能力，因此幼儿园的设施必须具备极高的稳固性。以滑梯为例，其结构应采用坚固耐用的材料，如优质的金属或高强度塑料，连接部位要牢固可靠，经过严格的质量检测，确保在幼儿频繁使用的过程中不会出现松动、变形甚至倒塌等危险情况。在实际中，曾有幼儿园滑梯的固定螺栓松动，导致幼儿在玩耍时滑梯突然倾倒，造成多名幼儿受伤的案例。这一惨痛的教训警示我们，设施的稳固性绝不容忽视。

场地的防滑处理同样至关重要。幼儿活泼好动，在奔跑、跳跃等活动中容易滑倒受伤。幼儿园的室内外活动场地应选用防滑性能良好的地面材料，如防滑地砖、防滑地垫等。在容易积水的区域，如洗手池旁、饮水区、卫生间以及室外的游泳池周边、雨天易积水的户外活动场地等，更要加强防滑措施。可以设置明显的防滑警示标识，提醒幼儿注意安全；定期对地面进行清洁和维护，及时清理地面上的水渍、污渍和杂物，保持地面的干燥和清洁，降低滑倒的风险。在卫生间的地面铺设具有防滑纹理的地砖，并安装防滑垫，同时确保通风良好，减少地面潮湿的时间，能有效预防幼儿滑倒事故的发生。

除了设施和场地，对玩具和教具的安全性检查也不可懈怠。定期对玩具和教具进行全面细致的检查，查看是否有尖锐边角、破损部件、松动零件以及有毒有害物质等安全隐患。对于木质玩具，要检查是否有毛刺，避免划伤幼儿的皮肤；对于塑料玩具，要查看是否有破裂，防止幼儿误食碎片；对于金属玩具，要注意表面是否光滑，有无生锈和尖锐边缘。一旦发现玩具和教具存在安全问题，应立即停止使用，并进行维修或更换。对于一些小型玩具，如拼图、积木等，要确保其零件大小合适，防止幼儿将其放入口中造成窒息危险。某幼儿园曾未及时检查出一个玩具的小零件松动脱落，导致一名幼儿将零件放入口中险些窒息，幸好老师及时发现并采取急救措施才避免了悲剧的发生。这一案例再次强调了对玩具和教具进行安全性检查的重要性。

（二）多样性原则

提供多样化的活动区域和设施，是满足幼儿不同兴趣和发展需求的关键。幼儿的兴趣爱好广泛且各不相同，有的幼儿对科学探索充满好奇，有的幼儿热衷于艺术创作，还有的幼儿喜欢运动和游戏。因此，幼儿园应设置丰富多样的活动区域，如科学探索区、艺术创作区、阅读区、建构区、角色扮演区、运动区等，每个区域配备相应的设施和材料。

1. 科学探索区

科学探索区可以摆放各种实验器材、科普书籍、动植物标本等，让幼儿通过观察、实验、操作等活动，探索科学的奥秘。提供放大镜、显微镜、天平、温度计等实验工具，以及磁铁、电路元件、植物种子等实验材料，让幼儿进行简单的科学实验，如观察植物的生长过程、探索磁铁的特性、了解电路的连接方式等，激发他们对科学的兴趣和探索欲望。

2. 艺术创作区

劳动创作区应配备绘画工具、手工材料、音乐器材等，满足幼儿对艺术表达的需求。准备各种颜色的画笔、颜料、画纸、彩泥、剪刀、胶水等绘画和手工材料，让幼儿自由创作绘画作品、制作手工艺品，发挥他们的想象力和创造力；放置钢琴、电子琴、鼓、沙锤等音乐器材，让幼儿通过弹奏、敲击等方式感受音乐的节奏和旋律，培养他们的音乐素养。

3. 阅读区

阅读区是培养幼儿阅读习惯和语言能力的重要场所，应布置温馨舒适的阅读环境，摆放适合幼儿阅读的绘本、故事书、科普读物等书籍。可以设置柔软的坐垫、可爱的抱枕、小巧的书架，营造出安静、惬意的阅读氛围，吸引幼儿主动阅读。根据幼儿的年龄特点和阅读水平，选择内容丰富、画面精美的书籍，如适合小班幼儿的简单绘本，以生动形象的画面和简短的文字为主；适合中班和大班幼儿的故事书和科普读物，内容逐渐丰富和深入，能够满足他们不同的阅读需求。

4. 建构区

建构区为幼儿提供了发挥空间想象力和建构能力的平台，应投放各种建构材料，如积木、乐高、磁力片、纸盒等。幼儿可以用这些材料搭建出各种各样的建筑、交通工具、场景等，锻炼他们的空间认知能力、手部精细动作和团队合作能力。在建构区，经常可以看到幼儿们共同搭建出一座大型的城堡或一个繁华的城市，他们在这个过程中不仅提高了自己的建构技能，还学会了与同伴沟通、协作和分享。

5. 角色扮演区

角色扮演区能够让幼儿模拟生活中的各种场景，体验不同的角色和职业，有助于他们了解社会规则和人际关系。可以设置"超市""医院""警察局""餐厅""银行"等不同的角色扮演场景，配备相应的道具和服装，如超市的货架、商品、收银机，医院的病床、医疗器械、白大褂，等等。幼儿在角色扮演中，能够学会如何与他人交流、合作，解决问题，增强他们的社会交往能力和语言表达能力。

6. 运动区

运动区是幼儿锻炼身体、增强体质的重要区域，应配备各种运动器材，如滑梯、秋千、攀爬架、跷跷板、篮球架、足球门等。这些运动器材能够锻炼幼儿的身体协调性、平衡能力、肌肉力量和反应速度。不同年龄段的幼儿对运动器材的需求和能力也有所不同，因此要根据幼儿的年龄特点合理配置运动器材。对于小班幼儿，可以设置一些较为简单、安全的运动器材，如小型滑梯、矮秋千等；对于中班和大班幼儿，则可以增加一些难度较高、挑战性较强的运动器材，如攀爬架、篮球架等，满足他们的运动发展需求。

（三）开放性原则

创造开放空间对幼儿的探索和社交具有积极深远的影响。开放空间能够给予幼儿更大的自主活动范围，让他们摆脱局促空间的束缚，自由地探索周围的世界。在传统的封闭空间中，幼儿的活动受到诸多限制，难以充分发挥自己的想象力和创造力。而开放空间则为幼儿提供了更多的可能性，他们可以根据自己的兴趣和想法，自由地选择活动内容和方式。在开放的户外场地中，幼儿可以自由地奔跑、跳跃、追逐，感受大自然的美好；可以自主地探索花草树木、昆虫，观察它们的生长和生活习性，激发对自然科学的兴趣。

开放空间还能极大地促进幼儿之间的互动交流，为他们提供更多的社交机会。在开放空间中，幼儿更容易与同伴相遇、合作和分享，从而培养他们的合作意识和团队精神。幼儿在搭建积木时可能会遇到困难，此时开放空间使得他们能够方便地向周围的同伴寻求帮助，共同探讨解决方案。在这个过程中，幼儿学会了倾听他人的意见和建议，尊重他人的想法，学会了与同伴协作，共同完成任务。这种互动交流不仅能够提高幼儿的社交能力，还能让他们体验到合作的快乐和成就感，增强自信心和自我认同感。

此外，开放空间还可以打破班级之间的界限，促进不同班级幼儿之间的交流和融合。传统的班级划分使得幼儿的社交范围局限在本班同学之间，而开放空间为不同班级的幼儿提供了相互认识和交流的平台。可以设置一些公共的活动区域，如大型建构区、阅读区、艺术创作区等，让不同班级的幼儿在这些区域中共同活动。在大型建构区中，不同班级的幼儿可以合作搭建大型的建筑模型，他们来自不同的班级，有着不同的想法和经验，通过交流和合作，能够碰撞出更多的思维火花，创造出更加丰富多彩的作品。这种跨班级的交流和融合，能够拓宽幼儿的社交圈，培养他们的社会适应能力和人际交往能力，让他们学会与不同背景的人相处，为今后融入社会奠定坚实的基础。

二、融合设计策略

（一）空间布局优化

合理规划室内外空间布局对促进幼儿实践活动开展起着关键作用。以某

知名幼儿园为例，该园在室内空间布局上独具匠心。在教室的规划中，阅读区被设置在靠窗位置，充足的自然光线营造出温馨舒适的阅读氛围，让幼儿能够在明亮的环境中尽情享受阅读的乐趣；科学探索区则相对独立，配备了专门的实验台和储存柜，方便放置各种实验器材和材料，为幼儿进行科学实验提供了便利条件；建构区紧邻科学探索区，这是因为建构活动和科学探索活动在一定程度上具有相关性，幼儿在建构过程中可以运用科学知识，如平衡原理、结构稳定性等，同时也能激发他们对科学的进一步探索欲望；角色扮演区布置得生动逼真，有模拟的超市、医院、餐厅等场景，让幼儿仿佛置身于真实的社会环境中，增强了角色扮演的沉浸感和体验感。

在室外空间布局方面，该幼儿园同样做得十分出色。户外活动场地被划分为多个功能区。运动区配备了滑梯、秋千、攀爬架、篮球架等丰富多样的运动器材，满足了幼儿不同的运动需求。滑梯和秋千能够锻炼幼儿的身体协调性和平衡能力，攀爬架可以增强幼儿的肌肉力量和勇气，篮球架则有助于培养幼儿的团队合作精神和运动技能。种植区和养殖区的设置更为幼儿提供了亲近自然、体验劳动的机会。在种植区，幼儿可以亲自参与播种、浇水、施肥、采摘等活动，观察植物的生长过程，了解植物的基本需求和生命周期。在养殖区，幼儿可以喂养小动物，如小兔子、小鸡、小鸭等，观察它们的生活习性和行为特点，培养对动物的关爱之情和责任感。

通过这样合理的空间布局，该幼儿园为幼儿创造了一个功能齐全、布局合理的实践活动环境。幼儿在这样的环境中，可以根据自己的兴趣和需求，自由选择参与各种实践活动，充分发挥自己的想象力和创造力，提高自身的综合素质。在科学探索区，幼儿通过实验操作，发现了物体的沉浮现象，激发了对科学的浓厚兴趣；在建构区，幼儿合作搭建出一座大型城堡，锻炼了空间认知能力和团队合作能力；在种植区，幼儿亲身体验了劳动的艰辛和收获的喜悦，培养了劳动意识和责任感。这些实践活动不仅丰富了幼儿的学习生活，还为他们的全面发展奠定了坚实的基础。

（二）设施与材料选择

根据幼儿年龄和发展水平选择合适设施和材料，是提升幼儿实践体验的关键环节。幼儿在不同的年龄阶段，其身体机能、认知能力和兴趣爱好都存在显著差异，因此设施和材料的选择必须充分考虑这些因素。

1. 小班幼儿

小班幼儿的身体协调性和肌肉力量相对较弱，认知能力主要处于直观形象思维阶段，对鲜艳的颜色、可爱的形状和简单的操作活动充满兴趣。因此，在设施方面，可以选择一些较为低矮、安全且操作简单的游乐设施，如小型滑梯、矮秋千、摇摇马等。这些设施能够让小班幼儿在安全的前提下轻松地进行活动，同时锻炼他们的身体协调性和平衡能力。在材料选择上，应注重材料的色彩鲜艳、形状简单、质地柔软，且具有一定的趣味性和可操作性。可以提供各种颜色的积木、毛绒玩具、塑料拼图、柔软的球类等。积木可以帮助幼儿认识形状和空间，毛绒玩具能给予他们温暖和安全感，塑料拼图可以锻炼他们的观察力和动手能力，柔软的球类则适合他们进行简单的抛接游戏，提高手眼协调能力。

2. 中班幼儿

中班幼儿的身体机能和认知能力有了一定的发展，他们开始对探索和操作活动表现出更浓厚的兴趣，喜欢尝试一些具有挑战性的任务。在设施方面，可以增加一些难度适中的攀爬架、平衡木等，这些设施能够进一步锻炼他们的肌肉力量、平衡能力和勇气。材料选择上，可以提供一些更加丰富多样、具有一定复杂性和探索性的材料，如拼图的难度可以适当增加，积木的种类可以更加丰富，还可以提供一些科学实验材料，如放大镜、磁铁、简单的电路元件等，让幼儿进行简单的科学探索活动，满足他们的好奇心和求知欲。

3. 大班幼儿

大班幼儿的身体机能和认知能力发展更为成熟，他们具备了较强的自主学习能力和团队合作意识，对具有挑战性和创造性的活动充满热情。在设施方面，可以设置一些大型的建构设施、篮球架、足球门等，为他们提供进行大型建构活动和体育竞技活动的条件。材料选择上，可以提供更加多样化、高难度的材料，如乐高积木、编程机器人、复杂的科学实验套装等。乐高积木可以让幼儿发挥想象力和创造力，搭建出各种复杂的作品；编程机器人能够培养他们的逻辑思维能力和编程基础；复杂的科学实验套装可以让他们进行更深入的科学探究，如化学实验、物理实验等，激发他们对科学的热爱和

追求。

除了考虑年龄因素，设施和材料的选择还应注重其教育性和趣味性。教育性体现为设施和材料能够促进幼儿在身体、认知、语言、情感和社会交往等多个方面的发展。具有不同形状和颜色的积木可以帮助幼儿认识形状、颜色和空间，提高他们的认知能力；角色扮演材料可以让幼儿在模拟的社会情境中进行互动，提高他们的语言表达能力和社会交往能力。趣味性则体现为设施和材料能够吸引幼儿的注意力，激发他们的兴趣和参与热情。设计新颖、色彩鲜艳的游乐设施以及具有趣味性的游戏材料，如会发光、会发声的玩具等，都能够让幼儿在活动中感受到快乐和满足，从而更加积极主动地参与实践活动。

（三）环境标识与引导

设置清晰标识和引导系统对幼儿活动具有重要的指导作用，能够增强环境的可理解性，帮助幼儿更好地适应和参与实践活动。幼儿的认知能力有限，对于复杂的环境和活动可能会感到困惑和迷茫，而清晰的标识和引导系统可以为他们提供明确的信息和方向，使他们能够更加自主地进行活动。

在幼儿园的室内环境中，标识和引导系统可以体现在各个方面。在教室的不同功能区域，可以设置明显的标识牌，如"阅读区""建构区""科学探索区"等，让幼儿能够一目了然地知道每个区域的功能和用途。在阅读区，可以张贴一些关于阅读的图片和文字提示，如"安静阅读""爱护书籍"等，引导幼儿养成良好的阅读习惯。在建构区，可以展示一些建构作品的图片和搭建步骤，为幼儿提供建构的灵感和参考。在科学探索区，可以张贴一些科学实验的步骤和注意事项，帮助幼儿正确地进行科学实验。

在幼儿园的室外环境中，标识和引导系统同样不可或缺。在户外活动场地的入口处，可以设置一张场地布局图，清晰地标注出各个功能区域的位置和名称，如"运动区""种植区""养殖区"等，让幼儿在进入场地前就能对整个场地的布局有一个大致的了解。在运动区，可以在不同的运动器材旁边设置使用说明和安全提示，如"使用滑梯时请排队""荡秋千时请注意安全"等，提醒幼儿正确使用运动器材，注意自身安全。在种植区和养殖区，可以设置植物和动物的介绍牌，标注出植物的名称、生长习性和养殖动物的特点、生活习性等，让幼儿在观察和实践的过程中能够了解更多关于植物和动物的知识。

除了静态的标识牌，还可以采用动态的引导方式，如教师的引导和同伴的示范。教师在幼儿进行活动时，可以适时地给予引导和指导，帮助他们理解活动的目的和要求，掌握正确的活动方法。在科学实验活动中，教师可以先示范实验的步骤和方法，然后引导幼儿自己动手操作；在操作过程中，教师及时解答幼儿的疑问，给予他们鼓励和支持。同伴的示范也具有重要的作用，幼儿往往更容易模仿同伴的行为。在建构活动中，教师可以让建构能力较强的幼儿进行示范，展示自己的建构思路和方法，其他幼儿可以通过观察和学习，提高自己的建构能力。

通过设置清晰的标识和引导系统，幼儿园能够为幼儿创造一个更加有序、安全、富有启发性的学习和活动环境。幼儿在这样的环境中，能够更加自主地探索和学习，提高自身的认知能力和实践能力，同时也能培养规则意识和自我管理能力，为未来发展奠定坚实的基础。

第二节 心理环境营造的影响与策略

一、心理环境对幼儿参与实践活动的影响

心理环境在幼儿参与实践活动的过程中扮演着极为关键的角色，对幼儿的积极性、自信心、合作能力、情绪稳定性等多个方面都有着深远的影响。

（一）积极的心理环境

当幼儿处于一个充满关爱、支持和鼓励的心理环境中时，他们会感受到自己是被尊重和认可的，从而更愿意主动地去探索和尝试新事物。在这样的环境下，幼儿会对实践活动充满好奇和期待，主动参与各种实践活动。在一次以"探索植物的奥秘"为主题的实践活动中，教师为幼儿营造了一个宽松、自由的心理环境，鼓励他们大胆表达自己的想法和疑问。幼儿们在这个过程中表现出了极高的积极性，有的幼儿主动提出要去观察植物的生长过程，有

的幼儿则积极参与种植植物的活动，他们在实践中不断地发现问题、解决问题，充分发挥了自己的主观能动性。相反，如果幼儿处于一个压抑、紧张的心理环境中，他们可能会对实践活动产生恐惧和抵触情绪，不愿意主动参与。在一些传统的教育模式中，教师过于强调纪律和规范，对幼儿的行为进行过多的限制，导致幼儿在实践活动中不敢轻易尝试，生怕犯错受到批评，从而大大降低了他们参与实践活动的积极性。

（二）自信心

一个积极的心理环境能够为幼儿提供更多的成功体验和正面反馈，从而增强他们的自信心。当幼儿在实践活动中取得哪怕是微小的进步或成就时，如果能够得到教师和同伴的肯定和赞扬，他们会感受到自己的能力得到了认可，从而对自己充满信心。在手工制作实践活动中，幼儿完成了一件手工作品，教师及时给予表扬，称赞他的作品创意独特、制作精细，这会让幼儿感到非常自豪，自信心也会得到极大的提升。在未来的实践活动中，他会更加勇敢地尝试，相信自己能够做得更好。反之，如果幼儿在实践活动中经常受到批评和指责，他们可能会对自己的能力产生怀疑，逐渐失去自信心。比如，在绘画实践活动中，教师对幼儿的作品提出过多的批评，指出这里画得不好，那里颜色搭配不对，这会让幼儿感到沮丧和失落，对自己的绘画能力失去信心，甚至可能会对绘画产生厌恶情绪，在今后的实践活动中也会变得畏缩不前。

（三）实践活动中的合作能力

良好的心理环境能够促进幼儿之间的积极互动和合作，培养他们的团队意识和合作精神。在一个和谐、友好的心理环境中，幼儿们会更愿意与同伴交流、分享和合作，共同完成实践任务。在小组合作的科学实验实践活动中，幼儿们相互协作，有的负责操作实验器材，有的负责记录实验数据，有的负责观察实验现象，他们在合作中学会了倾听他人的意见，尊重他人的想法，提高了合作能力。同时，积极的心理环境也能让幼儿在合作中感受到团队的力量和合作的快乐，进一步增强他们的合作意识。相反，不良的心理环境可能会导致幼儿之间产生冲突和矛盾，影响合作的顺利进行。在一个充满竞争和攀比的心理环境中，幼儿可能会过于关注自己的表现，而忽视与同伴的合作，甚至可能会为了争夺资源而与同伴发生争吵和冲突，这不仅会影响实践活动的开展，还会对幼儿的人际关系和社会交往能力产生负面影响。

（四）情绪稳定性

积极的心理环境能够让幼儿在实践活动中保持愉快、平静的情绪，从而更好地应对各种挑战和困难。当幼儿遇到困难时，教师和同伴的支持和鼓励能够让他们感受到温暖和力量，从而调整好自己的情绪，勇敢地面对困难。在搭建积木的实践活动中，幼儿遇到了积木倒塌的问题，这时教师鼓励他不要气馁，与他一起分析原因，寻找解决办法，同伴也过来帮忙，这让幼儿重新振作起来，情绪保持稳定，最终成功地搭建出了积木作品。然而，消极的心理环境可能会使幼儿在实践活动中产生焦虑、恐惧等不良情绪，影响他们的表现和发展。在一个教师经常批评指责幼儿、同伴之间也不友好的心理环境中，幼儿在实践活动中可能会时刻担心犯错被批评或者被同伴嘲笑，从而产生焦虑和恐惧情绪，无法集中精力完成实践任务，甚至可能会对自己产生否定和怀疑，影响身心健康。

二、营造策略

（一）建立良好的师幼关系

建立良好的师幼关系，是营造积极心理环境的基石，对幼儿的成长和发展具有深远影响。教师应充分尊重幼儿的独特个性、兴趣爱好和想法，将每个幼儿视为独一无二的个体，摒弃刻板印象和偏见。在一次绘画活动中，幼儿小明没有按照老师给定的主题绘画，而是画了自己想象中的宇宙飞船。此时，教师没有批评小明，而是耐心询问他的创作思路。小明兴奋地讲述了自己对宇宙的向往以及宇宙飞船的功能。教师对小明的创意给予了充分肯定，这让小明感受到了自己的想法被尊重，从而更加自信和积极地参与后续的活动。尊重幼儿还体现在尊重他们的选择和决定上，在区域活动中，教师应允许幼儿根据自己的兴趣自主选择活动区域，让他们在自己喜欢的领域中自由探索和学习。

关爱和理解是师幼关系的核心要素。教师要关注幼儿的情绪变化和心理需求，及时给予关心和安慰。当幼儿遇到困难或挫折时，教师应耐心倾听他

们的诉说，理解他们的感受，并给予鼓励和支持。幼儿小红在搭建积木时，积木总是倒塌，她感到非常沮丧。教师发现后，走到小红身边，轻轻地抚摸着她的头说："我知道你很努力了，积木倒塌确实让人有些难过，但这也是一个学习的机会呀，我们一起来找找原因，看看怎样才能让积木搭得更稳。"在教师的鼓励下，小红重新振作起来，与教师一起分析原因，最终成功地搭建出了漂亮的积木作品。在日常生活中，教师还应关注幼儿的生活细节，如注意幼儿的饮食、睡眠情况，及时增减衣物等，让幼儿感受到教师像妈妈一样的关爱。

积极的互动和沟通是建立良好师幼关系的重要途径。教师应主动与幼儿交流，了解他们的生活经验、兴趣爱好和内心想法。在每天的晨谈活动中，教师可以与幼儿分享自己的生活趣事，也鼓励幼儿讲述自己的经历，如周末去了哪里玩、遇到了什么有趣的事情等。通过这种方式，教师不仅能增进对幼儿的了解，还能让幼儿感受到教师的关注和重视。在教学活动中，教师应采用多样化的互动方式，如提问、讨论、小组合作等，激发幼儿的参与热情，鼓励他们积极表达自己的观点和想法。在科学实验活动中，教师可以提出一些开放性的问题，引导幼儿思考和讨论，如"为什么会出现这种现象呢？你有什么方法可以验证你的想法？"，让幼儿在互动中学习和成长。

（二）促进同伴合作与交流

促进幼儿之间的同伴合作与交流，对幼儿的社会交往能力和团队协作精神的培养具有不可替代的作用。教师应精心组织各种形式的同伴合作活动，为幼儿提供充分的合作机会。在建构活动中，教师可以将幼儿分成小组，让他们共同搭建一个大型的建筑作品，如城堡、桥梁等。在小组合作过程中，幼儿需要相互讨论、分工协作，有的负责设计图纸，有的负责搬运积木，有的负责搭建，他们在这个过程中学会了倾听他人的意见，尊重他人的想法，共同为实现目标而努力。在绘画活动中，教师可以组织小组绘画比赛，让幼儿们共同创作一幅画，通过合作完成作品，幼儿们能够学会协调彼此的创意和想法，提高团队合作能力。

为了更好地促进幼儿的同伴合作与交流，教师应教授幼儿一些基本的合作技巧和方法。在合作活动开始前，教师可以引导幼儿进行讨论，共同制订合作计划，明确每个成员的任务和职责。在小组合作搭建积木时，教师可以引导幼儿讨论："我们要搭建一个什么样的城堡？需要用到哪些形状的积木？谁来负责搭建城墙？谁来负责搭建城堡的塔楼？"通过这样的讨论，幼儿能够明确自己的任务，避免在合作过程中出现混乱和冲突。教师还应教导幼儿学会分享和轮流，如在玩玩具时，引导幼儿互相分享自己的玩具，学会等待和轮流使用，培养他们的分享意识和规则意识。当幼儿之间出现矛盾和冲突时，教师要及时介入，引导他们学会用和平、协商的方式解决问题，如让幼儿学会说"请""对不起""没关系"等礼貌用语，通过沟通和协商来化解矛盾。

在同伴合作与交流过程中，教师应及时给予鼓励和肯定，强化幼儿的合作行为。当幼儿在合作活动中表现出良好的合作态度和行为时，教师要及时给予表扬，如"你们小组合作得非常好，每个人都积极参与，互相帮助，共同完成了任务，真了不起！"。对合作能力较强的幼儿，教师可以让他们分享自己的合作经验和方法，为其他幼儿树立榜样，激励更多的幼儿积极参与同伴合作与交流。教师还可以组织评选"最佳合作小组""合作小明星"等活动，对表现优秀的小组和个人进行表彰和奖励，激发幼儿的合作热情和积极性。

（三）创设积极氛围

创设积极的氛围，能够有效激发幼儿主动参与实践的热情，为幼儿的学习和成长提供有力的支持。教师应善于运用鼓励和肯定的语言，以激发幼儿的自信心和积极性。在幼儿完成一件手工作品时，教师可以说："你做得太棒了！这个作品的颜色搭配非常漂亮，你的动手能力真强！"当幼儿在活动中遇到困难想要放弃时，教师要给予鼓励："我相信你一定可以的，再尝试一下，你会发现自己的潜力！"这些鼓励和肯定的话语能够让幼儿感受到自己的努力和进步得到了认可，从而增强自信心，更有勇气去尝试新的事物。教师还可以通过奖励小贴纸、小红花等方式，对幼儿的积极表现进行物质奖励，以进一步激发他们的积极性。

在实践活动中，教师应给予幼儿充分的自主权，让他们能够自主探索和尝试。在科学实验活动中，教师可以提出一个问题，如"怎样让鸡蛋在水中浮起来？"，然后让幼儿自己思考、设计实验方案，并动手操作。在这个过程中，幼儿可能会尝试不同的方法，如往水中加盐、加糖、加醋等。教师不要

直接告诉他们答案,而要鼓励他们大胆尝试,观察实验现象,自己得出结论。通过自主探索和尝试,幼儿能够培养独立思考能力和解决问题的能力,同时也能体验到探索的乐趣和成功的喜悦,从而更加积极主动地参与实践活动。

教师还应积极营造轻松、愉快的活动氛围,让幼儿在没有压力的环境中自由地表达自己的想法和感受。在角色扮演活动中,教师可以和幼儿一起参与,扮演不同的角色,与幼儿进行互动,让幼儿感受到活动的趣味性。在活动中,教师要尊重幼儿的创意和想法,不要对他们的表现进行过多的限制和批评,让幼儿能够自由发挥,充分展现自己的个性和才华。轻松愉快的氛围还能促进幼儿之间的交流和合作,他们在这样的氛围中会更加愿意与同伴分享自己的经验和想法,共同探索和学习。

第三节 家校社协同的学前教育融合支持网络

一、协同的重要性

家校社协同在学前教育融合中具有不可忽视的重要性,它宛如一条紧密的纽带,将家庭、学校和社会的力量连接在一起,为幼儿的成长提供全方位、多层次的支持。

从资源整合的角度来看,家庭、学校和社会各自拥有独特的教育资源。家庭作为幼儿成长的第一环境,蕴含着丰富的生活经验和情感资源。家长的职业背景、兴趣爱好和生活阅历都可以成为幼儿学习的宝贵素材。例如,一位从事医生职业的家长,可以走进幼儿园,为孩子们讲解基本的卫生保健知识,展示简单的医疗器具,让幼儿对医生这个职业有更直观的认识。家长还可以通过日常的亲子互动,如讲故事、玩游戏等,将生活中的道理和知识传递给幼儿,培养他们的品德和价值观。学校则是幼儿接受系统教育的重要场所,拥有专业的教师队伍、完善的教学设施和丰富的教学资源。学校可以根据幼儿的年龄特点和发展需求,设计科学合理的课程和教学活动,引导幼儿进行学习和探索。社会资源更是丰富多样,包括博物馆、图书馆、科技馆、社区活动中心等公共文化设施，以及各种企业、机构和社会组织。这些社会资源为幼儿提供了广阔的学习空间和实践机会，让他们能够接触到真实的社会场景，了解不同的行业和文化。博物馆里的文物和艺术品可以激发幼儿对历史和文化的兴趣，科技馆里的科技展品可以培养幼儿的科学探索精神，社区活动中心的各类活动可以增强幼儿的社会交往能力。

家校社协同能够将这些分散的资源进行有机整合，实现资源的共享与优化配置。幼儿园可以与博物馆合作，组织幼儿参观展览，让他们在欣赏文物和艺术品的过程中感受历史文化的魅力；与社区合作，开展社区服务活动，让幼儿参与关爱他人、保护环境等实践，增强社会责任感。家长也可以利用自己的资源，为幼儿园的实践活动提供支持，如提供活动场地、邀请专业人士进行讲座等。这种资源的整合，不仅丰富了幼儿的学习内容和形式，还提高了教育资源的利用效率，为幼儿的成长创造了更好的条件。

在家校社协同中，家庭、学校和社会可以形成教育合力，为幼儿提供全面的支持。家庭在幼儿的情感培养和品德教育方面起着至关重要的作用。家长的关爱、陪伴和言传身教，能够给予幼儿安全感和自信心，培养他们良好的品德和行为习惯。在日常生活中，家长可以通过引导幼儿关心他人、尊重长辈、遵守规则等，帮助他们树立正确的价值观。学校则在幼儿的知识学习和能力培养方面发挥着主导作用。教师通过系统的教学活动，传授幼儿基础知识和基本技能，培养他们的认知能力、语言表达能力、动手能力等。学校还可以组织各种丰富多彩的实践活动，如科学实验、手工制作、角色扮演等，让幼儿在实践中锻炼自己的能力，提高综合素质。社会则为幼儿提供了更广阔的实践平台和社会支持。社会各界可以通过举办各种活动，如公益讲座、文化活动、社会实践等，为幼儿提供学习和成长的机会。企业可以为幼儿提供参观工厂、了解生产流程的机会，让他们了解不同的行业和职业；社会组织可以开展关爱儿童的活动，为幼儿提供帮助和支持。

通过家校社协同，家庭、学校和社会可以相互配合、相互补充，共同为幼儿的成长提供支持。家长可以与学校保持密切沟通，了解幼儿在学校的学习和生活情况，配合学校的教育工作；学校可以定期举办家长培训活动，提高家长的教育水平，引导家长正确教育孩子；社会可以为家庭和学校提供资

源和支持，共同促进幼儿的全面发展。这种全面的支持，能够满足幼儿在不同方面的发展需求，促进他们身心健康、全面发展。

从促进幼儿全面发展的角度来看，家校社协同对幼儿的认知、情感、社会交往等方面的发展都具有积极的影响。在认知发展方面，通过参与家校社协同的实践活动，幼儿能够接触到更广泛的知识和信息，拓宽自己的视野，激发学习兴趣和好奇心。例如，在参观科技馆的实践活动中，幼儿可以亲眼看到各种科学实验和科技展品，了解科学原理和技术应用，从而激发他们对科学的兴趣和探索欲望。在情感发展方面，家校社协同能够为幼儿提供更多的情感支持和关爱，让他们感受到家庭、学校和社会的温暖，增强自信心和安全感。例如，在亲子实践活动中，家长与幼儿共同参与，增进了亲子之间的感情，让幼儿感受到家庭的关爱；在学校的集体实践活动中，教师和同伴的支持和鼓励让幼儿感受到集体的温暖，增强自信心；在社会实践活动中，幼儿感受到帮助他人的成就感和来自他人的鼓励，增强社会责任感。在社会交往方面，家校社协同为幼儿提供了更多与他人交往的机会，让他们学会与不同的人相处，提高社会交往能力。例如，在社区实践活动中，幼儿可以与社区居民交流互动，学会关心他人、尊重他人，提高社会交往能力。

家校社协同能够为幼儿创造一个有利于全面发展的教育环境，促进他们在认知、情感、社会交往等方面的协调发展。这种全面发展将为幼儿的未来发展奠定坚实的基础，使他们能够更好地适应社会，实现自己的人生价值。

二、协同机制构建

（一）建立沟通平台

建立多样化的沟通平台是实现家校社协同的关键举措，能够有效促进家庭、学校和社会之间的信息交流与共享。

1. 家长会

定期召开家长会，如每学期开学初、期中、期末各召开一次，能够让家长全面了解幼儿在园的学习和生活情况。在开学初的家长会上，教师可以向家长介绍本学期的教学计划、课程安排以及各类实践活动的规划，让家长对幼儿在园的学习内容和活动有初步的了解，以便更好地配合学校工作。在期中家长会上，教师可以详细反馈幼儿在这半个学期里的学习进展、行为表现和身心发展情况，与家长共同探讨幼儿在学习和生活中遇到的问题及解决方案。在期末家长会上，教师除了总结幼儿本学期的学习成果和成长进步外，还可以听取家长对本学期学校工作的意见和建议，为下学期的工作改进提供参考。

家长会的组织形式可以不断创新，以提高沟通效果。可以采用分组讨论的方式，将家长按照幼儿的年龄、兴趣爱好或学习能力等因素分成小组，针对某个具体的教育问题或实践活动进行深入讨论。例如，在讨论"如何培养幼儿的阅读习惯"这一话题时，家长们可以分享自己在家中引导幼儿阅读的经验和方法，相互学习和借鉴，教师在小组讨论中给予专业的指导和建议；也可以邀请家长代表分享自己的育儿经验，让其他家长从中受到启发；还可以邀请在培养幼儿自理能力方面表现出色的家长介绍自己是如何引导幼儿学会穿衣、吃饭、整理玩具等生活技能的，为其他家长提供实际可行的方法和思路。

2. 家访

教师定期进行家访，如每学期对每位幼儿至少家访一次，与家长进行面对面的深入交流，了解幼儿在家中的表现、家庭氛围、亲子关系等情况，为个性化教育提供依据。在家访过程中，教师可以观察幼儿的生活环境，了解家庭的教育方式和家长的教育观念，发现幼儿在家庭中可能存在的问题和需求。如果发现幼儿在家中过于依赖长辈，自理能力较弱，教师可以与家长共同探讨如何培养幼儿的自理能力，制订相应的教育计划，并在后续的教育中给予家长指导和支持。教师还可以向家长介绍幼儿在园的表现和进步，让家长了解幼儿在学校的成长情况，增加家长对学校教育的信任和支持。

3. 线上平台

利用微信、QQ等社交软件建立班级群，教师可以及时发布幼儿园的通知、活动信息、幼儿在园的照片和视频等，让家长能够随时了解幼儿园的动态和幼儿的学习生活情况。教师可以在班级群里分享幼儿在手工制作活动中

的精彩瞬间，让家长看到孩子的创造力和动手能力；发布关于即将开展的亲子运动会的通知，告知家长活动的时间、地点和注意事项，方便家长提前做好准备。线上平台还可以实现即时沟通，家长如果有任何问题或建议，可以随时在群里与教师交流，教师也能够及时回复家长的信息，解答家长的疑惑。利用专门的家校共育App，家长可以查看幼儿的学习报告、成长档案，与教师进行一对一的沟通，参与线上家长课堂和教育论坛等。在App上，家长可以查看幼儿在本学期的学习成绩、各项能力发展评估报告，了解孩子的优势和不足；参与线上家长课堂，学习科学的育儿知识和教育方法；在教育论坛上与其他家长交流育儿经验，共同探讨教育问题。

（二）明确各方职责

明确家庭、学校和社会在学前教育实践融合中的职责，是确保协同教育有效实施的重要前提。

1. 家庭

家庭在学前教育中起着基础性的作用，家长作为幼儿的第一任老师，肩负着培养幼儿良好品德和行为习惯的重要责任。在日常生活中，家长要注重言传身教，通过自己的言行举止为幼儿树立榜样。家长要遵守社会公德、文明礼貌、诚实守信、尊老爱幼，让幼儿在潜移默化中受到良好品德的熏陶。在家庭中，家长要培养幼儿的自理能力，让他们学会自己穿衣、吃饭、整理玩具等，提高生活自理水平。家长还应积极参与幼儿的学习和成长过程，关注幼儿的兴趣爱好和需求，与幼儿进行亲子互动，如一起阅读绘本、玩游戏、做手工等，增进亲子关系，促进幼儿的情感发展。在亲子阅读活动中，家长可以与幼儿一起阅读有趣的绘本，引导幼儿观察画面，理解故事内容，提问并与幼儿讨论，激发幼儿的阅读兴趣和思维能力。

2. 学校

学校作为学前教育的专业机构，承担着系统教育和引导幼儿的重要职责。学校要根据幼儿的年龄特点和发展需求，制订科学合理的教育教学计划，开展丰富多样的教学活动，传授幼儿基础知识和基本技能，培养他们的认知能力、语言表达能力、动手能力等。在语言教学活动中，教师可以通过故事讲述、儿歌朗诵、角色扮演等方式，提高幼儿的语言表达能力和理解能力。例如，组织幼儿进行"小兔子找家"的角色扮演活动，让幼儿分别扮演小兔子、兔妈妈、大灰狼等角色，通过对话和情节发展，锻炼幼儿的语言表达和沟通能力。学校要积极组织各类实践活动，为幼儿提供实践机会，让他们在实践中学习和成长。例如，开展科学实验活动，让幼儿亲自动手操作实验器材，观察实验现象，培养他们的科学探索精神和实践能力；组织参观博物馆、科技馆等活动，拓宽幼儿的视野，丰富他们的知识储备。

3. 社会

社会各界可以提供丰富的教育资源，如博物馆、图书馆、社区活动中心等公共文化设施，为幼儿的学习和实践提供场所。博物馆可以为幼儿举办专门的展览和教育活动，让他们了解历史文化和科学知识；图书馆可以开展亲子阅读活动、绘本分享会等，培养幼儿的阅读兴趣和阅读习惯；社区活动中心可以组织各类亲子活动、志愿服务活动等，增强幼儿的社会交往能力和社会责任感。

社会组织和企业可以通过捐赠物资、提供志愿者服务、开展公益活动等方式，为学前教育提供支持和帮助。企业可以捐赠玩具、图书、教学设备等物资，改善幼儿园的教学条件；社会组织可以组织志愿者到幼儿园举办兴趣班、科普讲座等活动，丰富幼儿的学习生活。

（三）开展合作活动

开展丰富多彩的合作活动是促进家校社协同育人的重要手段，能够让幼儿在活动中得到全面发展。

1. 亲子活动

亲子活动是增进亲子关系、促进幼儿情感发展的重要方式。幼儿园可以定期组织亲子运动会（如每学期举办一次），设置各种有趣的亲子运动项目（如亲子接力赛、两人三足、亲子拔河等）。在亲子接力赛中，家长和幼儿密切配合，共同完成比赛，不仅锻炼了幼儿的身体协调能力和运动技能，还增进了亲子之间的默契和感情。组织亲子手工制作活动，如亲子陶艺制作、亲子绘画、亲子编织等。在亲子陶艺制作活动中，家长和幼儿一起动手，将陶土塑造成各种形状，发挥他们的想象力和创造力，同时也加强了亲子之间的交流和合作。通过这些亲子活动，幼儿能够感受到家庭的温暖和关爱，家长也能够更好地了解幼儿的兴趣爱好和发展水平，促进亲子关系的和谐发展。

2. 社区实践活动

社区实践活动为幼儿提供了接触社会、了解社会的机会，有助于培养他们的社会责任感和社会交往能力。幼儿园可以与社区合作，组织幼儿参与社区服务活动，如关爱孤寡老人、环保行动等。在关爱孤寡老人的活动中，幼儿可以为老人表演节目、陪老人聊天、帮助老人打扫房间等，从而学会关心他人，培养爱心和责任感。组织环保行动，如垃圾分类宣传、公园清洁等，让幼儿了解环境保护的重要性，培养他们的环保意识和社会责任感。幼儿园还可以组织幼儿参观社区的图书馆、博物馆、消防局等场所，拓宽他们的视野，丰富他们的知识储备。参观消防局时，幼儿可以观看消防员叔叔的训练表演，了解消防器材的使用方法，学习消防安全知识，增强自我保护意识。通过这些社区实践活动，幼儿能够更好地融入社会，提高社会交往能力，为今后的社会生活奠定基础。

第四节　特殊需求幼儿个性化支持方案的制定

一、特殊需求幼儿现状分析

特殊需求幼儿涵盖多种类型，他们各有特点。

（一）智力障碍幼儿

智力障碍幼儿在认知、学习和思维能力方面存在显著的局限性。相关研究数据表明，智力障碍幼儿的智商水平通常明显低于正常儿童，他们在理解抽象概念、解决复杂问题以及学习新知识等方面面临巨大挑战。在数学学习中，正常幼儿可能很快就能掌握简单的加减法运算，但智力障碍幼儿可能需要花费大量的时间和精力，甚至经过反复的训练，仍难以理解其中的原理。在语言表达和沟通方面，他们往往也存在困难，语言发展迟缓，表达能力较弱，很难清晰地表达自己的想法和需求。

（二）孤独症幼儿

孤独症幼儿的特点较为特殊，他们通常存在社交障碍，难以与他人进行正常的眼神交流和情感互动。在集体活动中，孤独症幼儿往往表现出对他人的忽视，独自玩耍，不参与同伴之间的互动。他们对环境的变化非常敏感，生活习惯较为刻板，一旦环境或日常活动发生改变，就可能出现强烈的情绪反应。在日常活动中，孤独症幼儿可能每天都要求按照固定的顺序进行，如先穿某件衣服、再做某件事情，如果顺序被打乱，就会哭闹不止。在兴趣爱好方面，他们常常对某些特定的事物或活动表现出过度的专注和执着，如只喜欢玩某一种玩具、关注某个特定的物品等。

（三）学习障碍幼儿

学习障碍幼儿在学习方面存在特定的困难，虽然他们的智力水平可能正常，但在阅读、书写、计算等学习技能的发展上明显滞后。在阅读时，学习障碍幼儿可能会出现跳字、漏字、颠倒字序等问题，导致阅读理解困难；在书写时，他们可能书写速度慢、字迹潦草，难以准确表达自己的想法；在计算时，他们对数字的理解和运算能力较差，经常出现计算错误。相关调查显示，在一些学校中，学习障碍幼儿的学习成绩明显低于其他幼儿，他们在学习过程中容易产生挫败感，进而影响学习的积极性和自信心。

（四）身体残疾幼儿

身体残疾幼儿由于身体结构或功能的损伤，在身体运动和日常活动方面面临诸多不便。肢体残疾幼儿可能行动不便，需要借助轮椅、拐杖等辅助器具才能进行移动，这限制了他们的活动范围和参与活动的能力。视力残疾幼儿无法像正常幼儿一样通过视觉来感知周围的世界，他们在学习和生活中需要依赖听觉、触觉等其他感官来获取信息，这给他们的认知发展和社交互动都带来了很大的挑战。听力残疾幼儿则在语言学习和沟通方面存在困难，由于听力受损，他们难以接收到外界的声音信息，导致语言发展受到严重影响，很难与他人进行正常的交流。

在当前教育中，特殊需求幼儿面临着诸多问题和挑战。教育资源分配不均衡的问题较为突出，城市地区和经济发达地区的教育资源相对丰富，能够为特殊需求幼儿提供较为完善的教育设施和专业的教育服务；而农村

地区和经济欠发达地区的教育资源则相对匮乏，特殊教育学校数量不足，普通学校缺乏专门的特殊教育资源教室和专业教师，导致许多特殊需求幼儿无法接受合适的教育。一些农村地区的学校甚至没有配备基本的特殊教育器材，特殊需求幼儿只能与普通幼儿一起接受常规教育，无法取得良好的教育效果。

师资队伍的专业素养也有待提高。许多普通教师缺乏特殊教育的专业知识和技能培训，面对特殊需求幼儿时，往往不知道如何进行有效的教学和引导。在教学过程中，普通教师可能无法根据特殊需求幼儿的特点制订个性化的教学计划，教学方法单一，无法激发特殊需求幼儿的学习兴趣和积极性。特殊教育教师的数量也相对不足，尤其在一些专业性较强的特殊教育领域，如孤独症教育、智力障碍教育等，专业教师更是稀缺。这使得特殊需求幼儿无法得到足够的关注和支持，影响了他们的学习效果和发展。

社会观念对特殊需求幼儿的接纳程度较低，也是一个不容忽视的问题。部分家长、教师和社会公众对特殊需求幼儿存在误解和偏见，认为他们难以接受教育，对他们的发展缺乏信心。这种观念导致特殊需求幼儿在融入社会和接受教育的过程中面临很大的压力和障碍，容易受到歧视和排斥。在一些幼儿园中，部分家长担心特殊需求幼儿会影响自己孩子的学习和成长，对特殊需求幼儿的入园表示反对，这给特殊需求幼儿及其家庭带来了很大的困扰。

二、个性化支持方案制定原则

（一）个别化原则

个别化原则是制定特殊需求幼儿个性化支持方案的核心原则之一。每个特殊需求幼儿都是独一无二的个体，他们的障碍类型、程度以及个人兴趣、学习风格等都存在着显著的差异。以智力障碍幼儿为例，有的幼儿可能在语言表达方面存在较大困难，但在简单的手工操作和模仿能力上表现出一定的潜力；而有的智力障碍幼儿则可能在认知数字和空间概念上相对容易一些，但在社交互动方面面临重重困难。因此，在制定支持方案时，必须深入了解每个幼儿的具体情况，对他们的身体状况、心理特点、学习能力、兴趣爱好等进行全面细致的评估。

在评估过程中，可以采用多种评估工具和方法，如标准化测试、观察法、访谈法、作品分析法等，以获取全面准确的信息。对于孤独症幼儿，可以通过长时间的观察来了解他们在日常生活和学习中的行为表现，包括与他人的互动方式、对环境变化的反应、兴趣爱好的专注程度等；同时，与家长和教师进行深入访谈，了解幼儿在家庭和学校中的成长经历、行为习惯以及出现的问题等。通过这些评估方法，能够更准确地把握幼儿的特点和需求，为制定个性化支持方案提供有力的依据。

根据评估结果，为每个特殊需求幼儿量身定制专属的教育目标和教学内容。对于学习障碍幼儿，如果发现其在阅读方面存在困难，可以制定以提高阅读能力为主要目标的支持方案，包括选择适合其阅读水平的教材、采用个性化的阅读教学方法，如运用图片辅助阅读、分步骤阅读指导等，帮助他们逐步提高阅读技巧和理解能力。如果幼儿在数学计算方面存在问题，则可以针对性地设计数学教学内容，从基础的数字认知、简单的加减法运算开始，通过游戏化的教学方式，如数字卡片游戏、数学拼图等，激发他们的学习兴趣，提高数学计算能力。

（二）全面性原则

全面性原则要求个性化支持方案涵盖教育、心理、社交等多个方面，以满足特殊需求幼儿的综合发展需求。在教育方面，要根据幼儿的特殊需求，制订科学合理的教育计划，提供适合他们的教育资源和教学方法。对于视力残疾幼儿，需要为他们提供盲文教材、有声读物等特殊教育资源，采用触觉感知、听觉训练等教学方法，帮助他们学习知识。在教授数学时，可以让他们通过触摸特制的数学教具感受数字的形状和大小，通过听数学概念和例题的讲解进行数学学习。

心理支持也是个性化支持方案中不可或缺的一部分。特殊需求幼儿在成长过程中往往会面临各种心理压力和情绪问题，如自卑、焦虑、抑郁等。因此，要关注他们的心理健康，为他们提供专业的心理咨询和辅导服务。可以安排专业的心理教师定期与幼儿进行一对一的心理咨询，帮助他们排解不良情绪，树立自信心。对于孤独症幼儿，由于他们在社交和情感表达方面存在

困难，心理辅导可以重点帮助他们提高情感认知和表达能力，引导他们学会理解他人的情感和意图，增强社交互动的能力。

社交能力的培养对于特殊需求幼儿融入社会至关重要，要为他们创造更多的社交机会，帮助他们学会与他人交往和合作。因此，可以组织特殊需求幼儿与普通幼儿一起参加融合活动，如绘画比赛、手工制作、体育活动等，让他们在活动中学会与不同的人相处，提高社交技巧。在活动中，教师要引导特殊需求幼儿积极参与，鼓励他们与同伴交流和分享，帮助他们建立良好的人际关系。还可以开展社交技能训练课程，教授他们基本的社交礼仪、沟通技巧和合作方法，如如何打招呼、如何表达自己的想法和需求、如何倾听他人的意见等，逐步提高他们的社交能力。

（三）动态性原则

特殊需求幼儿的发展是一个动态的过程，他们的身体状况、心理特点和学习能力等都会随着时间的推移而发生变化。因此，个性化支持方案必须具有动态性，能够根据幼儿的发展情况及时进行调整和优化。定期对特殊需求幼儿的发展情况进行评估是确保方案动态调整的关键。可以每隔一段时间（如一个学期或一年）对幼儿进行全面的评估，了解他们在各个方面的进步和变化。在评估过程中，要对比之前的评估结果，分析幼儿的发展趋势，找出存在的问题和不足之处。

根据评估结果，及时调整支持方案的目标、内容和方法。如果发现某个智力障碍幼儿在经过一段时间的教育后，其认知能力有了一定的提高，原来制定的教育目标已经不能满足他的发展需求，那么就需要适当提高教育目标，调整教学内容和方法，增加学习的难度和深度，以促进他的进一步发展。如果某个特殊需求幼儿在心理辅导后其情绪问题得到了明显的改善，那么可以适当调整心理辅导的方式和频率，将重点转向培养他的自信心和独立能力。

除了定期评估和调整，还要关注幼儿在日常生活和学习中的突发情况和特殊需求，及时对支持方案进行灵活调整。如果某个特殊需求幼儿因为生病或其他原因而使学习进度受到影响，那么就需要根据他的身体恢复情况调整教学计划，为他提供适当的补习和辅导，帮助他跟上学习进度。如果某个幼儿在社交活动中出现了严重的冲突或挫折，那么就需要及时介入，调整社交训练的方法和策略，帮助他解决问题，恢复信心。在整个过程中，要保持与家长和教师的密切沟通，及时了解幼儿的情况，共同商讨调整方案，确保个性化支持方案始终能够满足特殊需求幼儿的发展需求。

三、方案内容与实施

（一）评估与诊断

为了全面、准确地了解特殊需求幼儿的需求和发展水平，需采用多种科学有效的评估方法。

1. 标准化测试

标准化测试是一种重要的评估手段，如韦氏儿童智力量表（Wechsler Intelligence Scale for Children），它能够对幼儿的智力水平进行量化评估，包括言语理解、知觉推理、工作记忆和处理速度等多个维度，从而为判断幼儿是否存在智力障碍以及障碍程度提供客观的数据依据。在使用该量表对一名疑似智力障碍幼儿进行评估时，通过对其在词汇、算数、拼图等多个分测验中的表现进行分析，能够准确地了解其智力发展的优势和劣势领域。

2. 观察法

在自然情境下，如在幼儿园的课堂、游戏活动、日常生活等场景中，持续观察幼儿的行为表现、社交互动、兴趣爱好等方面。例如，观察幼儿在集体游戏中的参与度，看其是主动与同伴交流合作还是独自玩耍；观察幼儿在课堂上的注意力集中程度、对教师指令的反应能力等。通过长期细致的观察，可以发现幼儿许多潜在的问题和特点，这些信息对于深入了解幼儿的需求和发展水平具有重要意义。

3. 访谈法

与家长、教师进行深入访谈，能够获取关于幼儿成长背景、家庭环境、学习经历等多方面的详细信息。与家长访谈时，可以了解幼儿在家庭中的日常行为习惯、兴趣爱好、情绪变化等，以及家庭教养方式对幼儿的影响。与教师访谈，则能了解幼儿在学校的学习情况、与同伴和教师的关系、在不同学科和活动中的表现等。通过与家长和教师的沟通，能够从不同角度全面了

解幼儿的情况，为评估和诊断提供更丰富的资料。

4.作品分析法

对幼儿的绘画、手工作品、书写作业等进行分析，能够了解他们的认知水平、情感状态和创造力等。一幅绘画作品可能反映幼儿丰富的内心世界，通过观察绘画的内容、色彩运用、线条表现等，可以推测幼儿的兴趣爱好、情绪状态以及对周围事物的认知和理解。如果幼儿的绘画作品中经常出现相同的主题，如恐龙，可能表明他对恐龙有着浓厚的兴趣；如果绘画的色彩比较暗淡，可能反映出幼儿当时的情绪较为低落。

通过综合运用这些评估方法，能够全面、深入地了解特殊需求幼儿的情况，为制定个性化支持方案提供坚实的依据。在评估过程中，要注重评估的全面性和客观性，避免片面性和主观性。对于评估结果，要进行科学的分析和解读，结合幼儿的实际情况，准确判断其需求和发展水平，从而为后续的个性化支持方案制定提供精准的方向。

（二）目标设定与教学策略

根据全面且深入的评估结果，为特殊需求幼儿设定明确、具体、可衡量且具有可实现性和时效性的目标，是个性化支持方案实施的关键环节。对于存在语言发展障碍的幼儿，目标设定可以围绕语言表达和理解能力的提升展开。短期目标可以设定为：在一个月内，幼儿能够主动使用5个以上的简单词汇表达自己的需求，如"我想要喝水""我想玩玩具"等。中期目标则可以设定为：在三个月内，幼儿能够用完整的句子描述一件简单的事情，如"我今天在幼儿园看到了一只小鸟"。长期目标可以设定为：在一年内，幼儿能够与同伴进行简单的对话交流，理解并回应常见的日常指令。

在阅读障碍方面，若幼儿存在阅读障碍，目标设定可以从基础的阅读技能培养入手。短期目标可以是：在半个月内，幼儿能够准确识别20个常见汉字。中期目标为：在两个月内，幼儿能够流畅地阅读简单的绘本，理解绘本的主要内容。长期目标则是：在半年内，幼儿能够自主阅读适合其年龄水平的简单故事书，提高阅读速度和阅读理解能力。

针对不同的目标，需要选择与之相匹配的个性化教学策略。对于语言发展障碍的幼儿，情境教学法是一种非常有效的方法。教师可以创设各种生动有趣的生活情境，如超市购物、餐厅用餐、医院看病等，让幼儿在模拟的情境中进行语言交流和表达。在超市购物的情境中，教师扮演收银员，幼儿扮演顾客，幼儿需要用语言表达自己想要购买的商品，如"我要买一瓶牛奶""我想要一个面包"等，通过这样的情境体验，幼儿能够在实际运用中提高语言表达能力。游戏教学法也能极大地激发幼儿的学习兴趣，如词语接龙、儿歌朗诵比赛、故事表演等。在词语接龙游戏中，幼儿需要根据前一个词语的最后一个字说出一个新的词语，这不仅锻炼了幼儿的语言思维能力，还提高了他们的词汇量。

对于阅读障碍幼儿，多感官教学法能够充分调动幼儿的多种感官，帮助他们更好地学习阅读。视觉方面，教师可以展示色彩鲜艳的图片、大字印刷的书籍，让幼儿通过观察图片和文字来理解阅读内容；听觉方面，教师可以播放有声读物，让幼儿倾听故事，同时引导他们跟着朗读，培养语感；触觉方面，教师可以使用触摸式的识字卡片，让幼儿通过触摸卡片上的文字来感受字形，加深记忆。分步骤阅读指导法也是一种有效的策略：将阅读过程分解为多个步骤，如认读生字、理解词语、分析句子、把握文章大意等，逐步引导幼儿掌握阅读技巧。首先，教幼儿认读简单的生字，通过反复练习让他们熟悉字形和读音；其次，教幼儿理解词语的含义，通过举例、造句等方式帮助他们掌握词语的用法；再次，分析句子的结构和意思，让幼儿学会理解句子的逻辑关系；最后，引导幼儿通过阅读文章，概括文章的主要内容，提高阅读理解能力。

精准的目标设定和个性化的教学策略选择，能够为特殊需求幼儿提供更有针对性的教育支持，帮助他们逐步克服困难，提高学习能力和综合素质，实现更好的发展。在实施过程中，要根据幼儿的学习进展和反馈及时调整教学策略和目标，确保个性化支持方案的有效性和适应性。

（三）家庭与社区支持

家庭和社区在特殊需求幼儿的教育过程中扮演着不可或缺的角色，它们为幼儿提供支持的方式和途径丰富多样，对幼儿的成长和发展具有深远影响。

家庭是幼儿成长的第一环境，家长的参与至关重要。家长积极配合学校的教育工作，能够形成强大的教育合力。在日常生活中，家长可以将学校的教育内容融入家庭生活，进行巩固和拓展。如果学校正在培养幼儿的自理能力，教幼儿自己穿衣、吃饭、整理玩具等，家长在家中也应鼓励幼儿自己动手，给予他们充分的实践机会，并及时给予肯定和鼓励。当幼儿自己成功穿上衣服时，家长可以给予表扬："宝贝，你真棒！自己就能把衣服穿好，越来越能干了！"这样的鼓励能够增强幼儿的自信心和成就感，促进他们自理能力的发展。

家长还可以与幼儿一起参与各种亲子活动，这不仅能够增进亲子关系，还能为幼儿提供学习和成长的机会。一起阅读绘本是一种非常有益的亲子活动，家长可以引导幼儿观察绘本中的画面，提问并与幼儿讨论故事内容，激发幼儿的阅读兴趣和思维能力。例如，在阅读《猜猜我有多爱你》这本绘本时，家长可以问幼儿："小兔子用什么方式表达对大兔子的爱呢？你会怎么表达对爸爸妈妈的爱呀？"通过这样的互动，幼儿不仅能够提高语言表达能力和阅读理解能力，还能感受到父母的爱，增进亲子之间的感情。一起进行手工制作也是不错的选择，如折纸、剪纸、绘画等，这些活动能够锻炼幼儿的动手能力和创造力，培养他们的耐心和专注力。

社区为特殊需求幼儿提供了广阔的实践平台和丰富的社会资源，对他们融入社会和全面发展具有重要意义。社区可以组织各类适合特殊需求幼儿参与的活动，如亲子运动会、手工制作展览等。在亲子运动会上，特殊需求幼儿可以与其他小朋友一起参与各种运动项目，如接力赛、拔河、跳绳等，这不仅能够锻炼他们的身体，还能让他们学会与他人合作，增强自信心和社会交往能力。手工制作展览则为幼儿提供了展示自己作品的机会，让他们感受到自己的价值和成就，激发他们的创造力和学习兴趣。

社区中的公共设施，如图书馆、博物馆、公园等，也可以为特殊需求幼儿提供学习和休闲的场所。图书馆可以为幼儿提供丰富的图书资源，包括适合特殊需求幼儿阅读的绘本、故事书、科普读物等，还可以开展亲子阅读活动、绘本分享会等，培养幼儿的阅读习惯和阅读兴趣。博物馆则可以通过举办专门的展览和教育活动，让幼儿了解历史文化、科学知识等，拓宽他们的视野。公园为幼儿提供了亲近自然的机会，他们可以在公园里观察植物、动物，感受大自然的美好，促进身心健康发展。

通过家庭和社区的积极支持，特殊需求幼儿能够在一个充满关爱和支持的环境中成长，获得更多的学习和发展机会，更好地融入社会，实现自身的价值。在这个过程中，家庭、学校和社区之间应保持密切的沟通与合作，共同为特殊需求幼儿的成长创造良好的条件。

第五章
学前教育融合实践中的教师专业发展

第一节 教育融合背景下教师的角色定位与能力要求

一、角色定位的理论基础

学前教育融合的理论基础丰富多元，涵盖建构主义理论、多元智能理论以及杜威的"做中学"理论等，这些理论从不同角度为教师的角色定位提供了深刻的指导与启示。

建构主义理论着重强调学习者在知识构建过程中的主动地位。在学前教育领域，幼儿并非被动地接受知识灌输，而是凭借自身已有的经验和认知结构，积极主动地与周围环境展开互动，从而构建起对世界的独特理解。因此，教师不能仅仅充当知识的机械传递者，还应成为幼儿学习的引导者和促进者。教师需要精心创设丰富多样、富有启发性的学习情境，巧妙地引导幼儿通过自主探索、合作交流等方式去发现问题、解决问题，进而逐步建构起属于自己的知识体系。例如，在组织科学活动时，教师可以为幼儿提供各种实验材料，鼓励他们亲自动手操作，观察实验现象，引导他们思考背后的科学原理，而不是直接告知答案。

基于由霍华德·加德纳提出的多元智能理论，教师必须充分认识到幼儿的个体差异，摒弃单一的教学方法和评价标准。在教学实践中，教师要善于观察和发现每个幼儿的优势智能领域，因材施教，采用多样化的教学策略和手段，激发幼儿的多元智能发展。比如，对于具有较强音乐智能的幼儿，教师可以多组织音乐活动，如唱歌、乐器演奏等，为他们提供展示和发展的平台；对于空间智能突出的幼儿，可引导他们参与绘画、搭建等活动，进一步挖掘其潜力。

杜威的"做中学"理论则主张教育即生活、学校即社会，强调让儿童在实际操作和体验中获取知识和经验。在学前教育融合的背景下，这一理论具有重要的指导意义。教师应积极为幼儿创造真实的生活情境和实践机会，让他们在实践活动中锻炼各种能力，培养解决实际问题的能力和创新思维。例如，开展角色扮演活动，让幼儿模拟超市购物、医院看病等生活场景，在实践中学习人际交往、数学运算等知识和技能。

这些理论相互交织、相互补充，共同影响着学前教育融合中教师的角色定位。它们促使教师的角色从传统的知识传授者向引导者、促进者、合作者等转变，更加注重幼儿的主体地位和个体差异，关注幼儿的全面发展和实践能力的培养，为教师在学前教育融合中的工作提供了坚实的理论依据和方向指引。

二、教师角色的多维度分析

在学前教育融合的进程中，教师扮演着多重角色，这些角色相互关联、相互影响，共同助力幼儿的全面发展。

（一）引导者

在知识学习方面，教师要依据幼儿的认知水平和兴趣点，精心设计教学内容和活动，引导幼儿主动探索知识。例如，在"会跳舞的盐"实验中，教师将盐放在碗上，对着碗大声喊叫，让幼儿观察盐粒跳动的现象，从而激发幼儿对声音传播原理的好奇，引导他们思考声音是如何产生和传播的，鼓励幼儿大胆提出假设，动手验证，帮助他们掌握科学探究的方法和步骤，培养幼儿的观察、思考和解决问题的能力。在品德培养上，教师应以身作则，通过日常的言行举止，为幼儿树立良好的道德榜样。例如，教师在与幼儿交流时，始终保持礼貌、友善的态度，尊重每一个幼儿的想法和感受，在潜移默化中引导幼儿学会尊重他人、关心他人、分享合作等良好品德。

（二）合作者

教师与幼儿的合作是建立在平等、尊重基础上的互动关系。教师要积极参与幼儿的游戏和活动，与幼儿共同探索、共同发现。比如，在建构游戏"未来的城市"中，关于搭建主题，教师可以提出一些引导性的问题，如"未来的城市会有什么样的建筑呢？""我们怎样让城市的交通更便捷？"，激发幼儿的想象力和创造力。然后教师和幼儿一起动手搭建，在这个过程中，教师倾听幼儿的想法，给予他们支持和鼓励，共同享受游戏的乐趣，促进幼儿的社会交往和合作能力的发展。教师应与家长保持密切的沟通与合作，定期向家长反馈幼儿在园的学习和生活情况，了解幼儿在家的表现，共同制订教育计划和策略。例如，通过家长会、家访、家长微信群等方式，与家长分享幼儿的成长点滴，交流教育经验和方法，共同促进幼儿的健康成长。此外，教师还需与其他教育工作者，如保育员、保健医生、其他班级教师等密切合作，共同为幼儿创造良好的教育环境。在组织大型活动时，教师们分工协作，有的负责活动策划，有的负责场地布置，有的负责幼儿的安全保障，确保活动的顺利开展。

（三）资源整合者

在教学资源的开发与利用上，教师要充分挖掘各种教育资源，包括园内资源和园外资源。园内资源包括丰富多样的玩具、图书、教具等，教师可以根据教学内容和幼儿的兴趣，巧妙地运用这些资源开展教学活动。例如，利用拼图玩具培养幼儿的观察力和动手能力，通过阅读图书拓展幼儿的知识面和语言表达能力。园外资源则包括社区资源、自然资源等，教师可以带领幼儿走进社区，参观图书馆、博物馆、超市等，让幼儿在真实的情境中学习和体验；也可以利用自然资源，如带幼儿到公园观察植物的生长变化，感受大自然的神奇，丰富幼儿的感性经验。在课堂环境的创设方面，教师要打造一个富有启发性、趣味性和安全性的学习环境，根据不同的教学主题和季节特点布置教室环境。如在春天，教师可以和幼儿一起收集春天的花草树叶，制作成手工艺品装饰教室，营造出春天的氛围，让幼儿在环境中感受到季节的变化，激发他们对大自然的热爱之情。同时，教师还应整合多种教育资源，将家庭教育、学校教育和社会教育有机结合起来。例如，邀请家长到幼儿园开展亲子活动,让家长参与幼儿教育;组织幼儿参加社会实践活动,如参观消防队,了解消防知识,增强幼儿的安全意识,拓宽幼儿的视野,促进幼儿的全面发展。

(四)评价者

教师需要实施个别化评价,关注每一个幼儿的发展特点和需求,制定个性化的评价标准和方法。例如,对于语言发展较快的幼儿,教师可以在评价中注重对其语言表达的准确性、流畅性和逻辑性的评价;对于动手能力较强的幼儿,重点评价其在操作活动中的创造力、解决问题的能力和精细动作的发展。教师要通过观察幼儿在日常活动中的表现,如游戏、学习、生活等方面的行为,收集相关信息,对幼儿的发展水平进行全面、客观的评价。同时,教师要运用发展性评价,关注幼儿的发展过程和进步情况,及时给予鼓励和支持。当幼儿在某一领域取得进步时,教师要及时肯定和表扬,如"你这次画画的颜色搭配非常漂亮,进步很大哦!",让幼儿感受到自己的努力得到认可,增强自信心和学习动力。发展性评价还要求教师为幼儿提供有针对性的反馈和建议,帮助幼儿明确自己的优点和不足,促进其不断发展。

教师在学前教育融合中扮演的这些角色相互交织、相辅相成。引导者角色为幼儿指明学习和成长的方向,合作者角色促进幼儿的社会交往和合作能力的发展,资源整合者角色为幼儿提供丰富多样的学习资源和良好的学习环境,评价者角色则为幼儿的发展提供反馈和指导,助力他们不断进步。教师只有充分认识并扮演好这些角色,才能更好地推动学前教育的融合,促进幼儿的全面发展。

三、能力要求的构成要素

在学前教育融合的大背景下,教师需要具备多方面的能力,这些能力共同构成了教师专业素养的核心要素,对幼儿的成长和发展起着至关重要的作用。

(一)教育教学能力

在教学方法的运用上,教师要根据幼儿的年龄特点和认知水平,灵活选

择多样化的教学方法。游戏化教学是一种非常适合幼儿的教学方法，教师可以将教学内容融入各种有趣的游戏中，让幼儿在玩中学，激发他们的学习兴趣和积极性。例如，在认识数字的教学中，教师可以设计"数字接龙"的游戏，让幼儿在游戏过程中熟悉数字的顺序和大小。情境教学法也是常用且有效的方法，教师通过创设真实或模拟的生活情境，让幼儿在情境中运用所学知识解决问题，提高他们的实践能力和应变能力。如创设"超市购物"的情境，让幼儿在模拟购物的过程中学习数学运算和人际交往。课程设计与实施能力同样关键，教师要依据幼儿的发展需求和兴趣爱好，精心设计富有创意和趣味性的课程。在课程设计时，要充分考虑课程的目标、内容、实施步骤和评价方式，确保课程的科学性和系统性。在实施过程中，教师要根据幼儿的实际反应和学习情况，及时调整教学策略，保证教学效果。在开展科学探索课程时，教师可以先提出一个有趣的科学问题，如"为什么树叶会在秋天变黄掉落？"，引发幼儿的好奇心，然后引导幼儿通过观察、实验、讨论等方式去寻找答案，在这个过程中，根据幼儿的疑问和发现，适时调整教学进度和方法。

（二）特殊教育能力

随着教育融合的推进，越来越多有特殊需要的幼儿进入普通幼儿园，这就要求教师具备对特殊儿童的识别与评估能力。教师要敏锐地观察幼儿的行为表现、学习特点和发展状况，及时发现可能存在特殊需求的幼儿，并运用科学的评估工具和方法，对幼儿的特殊需求进行准确评估。对于疑似有语言发展障碍的幼儿，教师可以通过语言测试、日常观察等方式，了解幼儿的语言表达和理解能力，为后续的教育干预提供依据。个别化教育计划的制定与实施能力也是必备的，教师要根据每个特殊儿童的评估结果，制订个性化的教育计划，包括教育目标、教学内容、教学方法和支持策略等。在实施过程中，要密切关注特殊儿童的进展情况，及时调整教育计划，确保满足他们的特殊需求。对于患有孤独症的幼儿，教师可以根据其具体情况，制订专门的社交技能训练计划，通过一对一辅导、小组活动等方式，帮助他们提高社交能力。

(三)沟通合作能力

与幼儿的沟通能力要求教师尊重幼儿的想法和感受,用亲切、温和的语言与幼儿交流,建立良好的师生关系。教师要善于倾听幼儿的心声,理解他们的需求和困惑,给予及时的回应和支持。当幼儿分享自己的趣事时,教师要认真倾听,并给予积极的反馈,让幼儿感受到被尊重和关注。与家长的沟通合作也不容忽视,教师要定期与家长交流幼儿在园的学习和生活情况,了解幼儿在家的表现,共同商讨教育策略;通过家长会、家访、电话沟通等方式,及时向家长反馈幼儿的进步和问题,听取家长的意见和建议,形成家园教育合力。教师还要与其他教育工作者进行合作,如与保育员共同做好班级管理和幼儿保育工作,与其他教师开展教研活动,分享教学经验和资源,共同提高教育教学水平。在组织大型活动时,教师与其他工作人员密切配合,分工协作,确保活动的顺利进行。

(四)自我发展能力

教师需要具备持续学习的能力,关注学前教育领域的最新研究成果和教育理念,不断更新自己的知识结构。例如,通过参加培训、研讨会、学术讲座等方式,学习新的教育方法和技能,拓宽自己的视野。在信息技术飞速发展的今天,教师要学习如何运用多媒体技术、教育软件等辅助教学,提升教学效果。教育研究与反思能力也是教师自我发展的重要方面,教师要善于从日常教育教学实践中发现问题,开展教育研究,探索解决问题的方法和途径,定期对自己的教学活动进行反思,总结经验教训,改进教学方法,不断提高自己的教育教学水平。教师可以记录自己在教学中的成功案例和不足之处,分析原因,思考改进措施,通过反思不断提升自己的专业能力。

这些能力要求相互关联、相互促进。教育教学能力是基础,为其他能力的发挥提供平台;特殊教育能力是补充,使教师能够满足不同幼儿的特殊需求;沟通合作能力是保障,促进教育教学工作的顺利开展和教育资源的有效整合;自我发展能力是动力,推动教师不断提升自身素养,以更好地适应学前教育融合的发展需求。只有具备这些全面的能力,教师才能在学前教育融合的道路上不断前进,为幼儿的成长和发展提供优质的教育服务。

四、角色定位与能力要求的关系探讨

教师在学前教育融合中的角色定位与能力要求紧密相连，两者相互影响、相互促进，共同服务于幼儿的成长与发展。

角色定位决定了教师需要具备相应的能力。作为引导者，教师要引领幼儿在知识海洋中遨游，培养他们的品德修养，这就要求教师具备卓越的教育教学能力。教师要精心设计教学内容，巧妙运用多样化的教学方法，激发幼儿的学习兴趣和主动性。在科学活动中，教师若想引导幼儿深入探究科学现象背后的原理，就需要熟练掌握实验操作技巧，善于运用启发式提问，引导幼儿思考，培养他们的科学思维和探究能力。如果教师缺乏这些教育教学能力，就难以有效地引导幼儿学习，无法发挥引导者的角色功能。

作为合作者，教师要与幼儿、家长及其他教育工作者建立良好的合作关系，这对教师的沟通合作能力提出了很高的要求。与幼儿合作时，教师需要耐心倾听他们的想法，理解他们的需求，用平等、尊重的态度与他们交流互动。与家长合作时，教师要清晰、准确地向家长反馈幼儿的学习和生活情况，认真倾听家长的意见和建议，共同商讨教育策略。与其他教育工作者合作时，教师要具备团队协作精神，在团队中发挥自己的优势，共同完成教育教学任务。若教师沟通合作能力不足，就可能导致与各方的合作出现障碍，从而影响教育教学工作的顺利开展。

教师作为资源整合者，需要整合各种教育资源，为幼儿创造良好的学习环境。这需要教师具备敏锐的资源洞察力和整合能力。教师要善于发现身边的教育资源，包括园内的设施设备、图书资料，园外的社区资源、自然资源等，并将这些资源有机地整合到教学活动中。在布置教室环境时，教师要根据教学主题和幼儿的兴趣，合理利用各种材料，创设富有教育意义和趣味性的环境。若教师缺乏资源整合能力，就无法为幼儿提供丰富多样的学习资源和良好的学习环境，不利于幼儿的全面发展。

教师作为评价者，要对幼儿进行全面、客观、科学的评价，这要求教师具备较强的评价能力。教师要了解不同的评价方法和工具，根据幼儿的年龄特点和发展水平选择合适的评价方式，如观察法、作品分析法、成长记录法等。教师还要准确分析评价结果，为幼儿提供有针对性的反馈和建议，促进幼儿的发展。若教师评价能力不足，就可能导致评价结果不准确，无法为幼儿的发展提供有效的指导。

能力要求也会反作用于角色定位，促进教师更好地履行角色职责。当教师具备扎实的教育教学能力时，在扮演引导者角色时会更加得心应手。教师要根据幼儿的认知水平和兴趣爱好，设计出富有创意和吸引力的教学活动，运用生动有趣的教学方法，引导幼儿积极参与学习，从而更好地激发幼儿的学习兴趣和潜能，促进他们的知识学习和品德培养。

良好的沟通合作能力能够使教师在与幼儿、家长及其他教育工作者合作时更加顺畅：教师能够与幼儿建立亲密的关系，赢得他们的信任和喜爱，更好地引导幼儿的发展；与家长能够保持密切的沟通与合作，形成教育合力，共同促进幼儿的成长；与其他教育工作者能够协作默契，共同营造良好的教育氛围。

具备较强的资源整合能力，教师就能充分挖掘和利用各种教育资源，为幼儿创造更加丰富多样、富有启发性的学习环境。教师可以将各种资源巧妙地融入教学活动中，使教学内容更加生动有趣，满足幼儿不同的学习需求，从而更好地履行资源整合者的角色。

优秀的评价能力有助于教师准确把握幼儿的发展状况，为幼儿提供及时、有效的反馈和指导。教师通过科学的评价，能够发现幼儿的优点和不足，为每个幼儿制订个性化的教育计划，促进他们在原有水平上不断发展，更好地发挥评价者的作用。

教师在学前教育融合中的角色定位与能力要求是相辅相成、不可分割的。明确的角色定位为教师能力的发展指明了方向，而教师能力的提升又为其更好地履行角色职责提供了有力保障。只有深刻认识到两者的紧密关系，并不断提升自身能力，以适应角色定位的需求，教师才能在学前教育融合的道路上不断前进，为幼儿的成长和发展提供优质、高效的教育服务，推动学前教育事业的蓬勃发展。

第二节　学前教育融合教师培训体系的优化与创新

一、现有教师培训体系的问题剖析

当前，学前教育融合进程不断推进，对教师专业素养提出了更高要求，然而现有的教师培训体系暴露出诸多问题，在一定程度上阻碍了教师的专业发展。

（一）培训内容

许多培训内容未能紧密贴合学前教育融合的前沿理念和最新趋势，仍然侧重于传统的理论知识传授，如幼儿心理学、教育学的基本理论等，对实践教学指导不足。在实际教学中，教师需要将理论知识转化为实践教学活动，引导幼儿在实践中学习和成长。但培训内容缺乏对实践教学方法、策略以及实践活动设计与组织的深入讲解，导致教师在面对实际教学场景时缺乏有效的应对方法和创新思路，难以将理论与实践有机结合。

不同教龄、不同专业背景的教师在专业发展需求上存在显著差异，但现有的培训体系往往采用"一刀切"的方式，没有充分考虑到这些个体差异。新入职的教师可能更需要关于教学基本功、班级管理技巧等方面的培训；而有一定教学经验的教师则渴望在课程设计创新、教育研究方法等领域得到提升。这种缺乏针对性的培训内容，使得教师参与培训的积极性不高，培训效果大打折扣，无法满足教师个性化的专业发展需求。

（二）培训方式

在培训方式上，传统的集中授课模式占据主导地位。这种模式以专家讲授为主，教师被动接受知识，缺乏互动性和参与度。在集中授课过程中，教师往往只是机械地记录笔记，难以充分理解和消化所学内容，更难以将其应用到实际教学中。这种单向的知识传递方式，限制了教师的思考和探索，无法激发教师的学习兴趣和主动性，也不利于教师之间的经验交流与合作。

线上培训虽然在一定程度上打破了时间和空间的限制，但也存在诸多问题。部分线上培训课程缺乏精心设计，内容枯燥乏味，形式单一，仅仅将线下课程简单地搬到线上，没有充分发挥线上培训的优势。线上培训的互动性较差，教师之间、教师与培训者之间难以进行有效的沟通和交流，遇到问题时无法及时得到解答和指导。此外，线上培训的监管难度较大，存在教师挂机刷课等现象，导致培训质量难以保证。

（三）培训评价环节

当前的培训评价主要以考试、撰写培训心得等方式为主，过于注重培训结果，忽视了培训过程中的表现和成长。考试内容往往侧重于理论知识的记忆，无法全面考查教师在培训中的参与度、实践能力的提升以及对知识的应用能力。培训心得也容易流于形式，难以真实反映教师的学习收获和反思。

（四）培训评价的反馈机制

培训者往往只是简单地给出评价结果，没有针对教师的表现提供具体的反馈和建议。教师无法了解自己在培训中的优点和不足，也就难以有针对性地进行改进和提升。这种不完善的培训评价体系，无法为教师的专业发展提供有效的支持和指导，也无法对培训效果进行准确的评估和改进。

现有教师培训体系在培训内容、培训方式和培训评价等方面存在的问题，严重影响了教师参与培训的积极性和培训效果，制约了教师在学前教育融合中的专业发展。因此，迫切需要对教师培训体系进行优化与创新，以适应学前教育发展的新形势和新要求。

二、优化教师培训体系的原则与目标

为了有效解决现有教师培训体系存在的问题，更好地满足学前教育融合对教师专业发展的需求，优化教师培训体系时应遵循一系列科学合理的原则，并明确清晰的目标。

（一）针对性原则

学前教育教师队伍构成复杂，不同教师在教龄、学历、专业背景以及教学经验等方面存在显著差异，其培训需求也各不相同。新入职的教师可能急需掌握基本的教学技能，如课堂管理技巧、教学活动设计的基本方法等；而具有一定教龄的教师则更渴望在课程创新、教育科研方法等领域取得突破。针对不同教师群体的特点和需求，设计个性化的培训内容和方案至关重要。对于非学前教育专业毕业的转岗教师，应着重加强幼儿心理学、教育学等专业基础知识的培训，帮助他们尽快适应学前教育教学工作；对于骨干教师，可以提供一些高端的培训课程，如国际先进的学前教育理念与实践案例分析、教育教学改革前沿动态研究等，助力他们进一步提升专业素养，发挥引领示范作用。

（二）实践性原则

学前教育融合强调教师要具备将理论知识转化为实际教学行动的能力，引导幼儿在实践中学习和成长。因此，培训内容应紧密围绕实践教学展开，增加实践教学环节在培训中的比重。培训可以设置实践教学工作坊，让教师在模拟的教学环境中进行教学实践操作，如设计并组织一堂完整的实践教学活动，包括活动目标的设定、活动过程的组织、教学方法的运用以及对幼儿表现的观察与指导等。培训者可以现场给予指导和反馈，帮助教师及时发现问题并加以改进；还可以安排教师到优秀的幼儿园进行实地观摩和跟岗学习，亲身感受和学习先进的实践教学经验，通过实际参与幼儿园的日常教学活动，深入了解如何将各种教育理念和方法应用到实际教学中，提高教师的实践教学能力。

（三）创新性原则

随着教育理念的不断更新和教育技术的飞速发展，学前教育领域也在不断创新和变革。培训体系应紧跟时代步伐，积极引入新的教育理念、方法和技术，激发教师的创新思维和创新能力。在培训内容上，可以增加关于人工智能教育、虚拟现实技术在学前教育中的应用等新兴领域的知识和技能培训，让教师了解并掌握这些新技术，为幼儿提供更加丰富多样的学习体验。培训方式也应不断创新，采用多样化的培训手段，如利用在线学习平台开展线上线下混合式培训，让教师可以根据自己的时间和需求进行自主学习；组织教师开展行动研究，鼓励教师在教学实践中发现问题、提出假设，并通过实践探索来验证假设、解决问题，从而推动教学实践的创新和发展。

（四）致力于提升教师的专业素养

教师应深入理解幼儿心理学、教育学等专业理论知识，并将其灵活运用到实际教学中。教师要熟练掌握各种教学方法和策略，如游戏化教学、项目式学习、探究式教学等，根据幼儿的年龄特点和学习需求选择合适的教学方法，激发幼儿的学习兴趣和主动性。教师还应具备良好的教育科研能力，开展教育教学研究，不断探索和创新教学方法，提高教学质量。

（五）提高教师的实践教学能力

教师应掌握实践活动设计的原则和方法，根据教学目标和幼儿的兴趣爱好，设计出富有创意和趣味性的实践活动方案。在实践活动组织过程中，教师要具备良好的组织协调能力和应变能力，引导幼儿积极参与活动，培养幼儿的动手能力、观察能力、思维能力和解决问题的能力。教师还要善于对实践活动进行总结和反思，不断改进活动方案，提高实践教学效果。

（六）增强教师的职业认同感和归属感

通过培训，教师应深刻认识到学前教育事业的重要性和自身工作的价值，激发教师的工作热情和积极性。培训可以设置关于学前教育政策法规、行业发展趋势等方面的内容，让教师了解国家对学前教育的重视和支持，以及学前教育行业的发展前景，增强教师的职业信心。培训中可以开展教师职业发展规划指导，帮助教师明确自己的职业发展目标和路径，为教师提供晋升和发展的机会，让教师感受到自己在职业发展中有更多的可能性，从而增强教师对职业的认同感和归属感，促进教师的长期稳定发展。

优化教师培训体系的原则与目标紧密相连，遵循针对性、实践性、创新性等原则是实现提升教师专业素养、提高实践教学能力、增强职业认同感和归属感等目标的重要保障。只有以科学的原则为指导，明确清晰的目标，才能构建出更加完善、有效的教师培训体系，为学前教育融合培养高素质的教师队伍。

三、创新培训内容与方式

为了提升学前教育融合中教师培训的质量和效果，使其更好地满足教师专业发展的需求，必须对培训内容与方式进行创新。

（一）紧密围绕学前教育融合的前沿理念

深入探讨项目式学习、探究式学习等新兴教育理念在学前教育中的应用，让教师全面了解这些理念的内涵、实施方法和优势。详细讲解项目式学习如何通过设定具体的项目任务，引导幼儿在自主探究、合作交流中获取知识和

技能，培养他们的问题解决能力、团队协作能力和创新思维。探究式学习则注重激发幼儿的好奇心和探索欲望，教师应掌握如何引导幼儿提出问题、做出假设、通过实践验证假设，从而培养幼儿的科学探究精神和自主学习能力。

（二）强化实践案例的融入

收集和整理大量来自幼儿园实践教学的成功案例，涵盖不同领域、不同年龄段的教学活动。对这些案例进行深入剖析，分析其教学目标的设定、教学过程的组织、教学方法的运用以及对幼儿学习效果的评估等方面。通过案例分析，可以让教师学习如何根据幼儿的特点和需求，设计富有创意和趣味性的实践教学活动，如何在活动中引导幼儿积极参与、主动学习，以及如何处理教学过程中出现的各种问题；还可以组织教师进行案例讨论和分享，促进教师之间的经验交流和相互学习。

（三）注重跨学科知识的整合

学前教育强调幼儿的全面发展，教师需要具备跨学科教学的能力。在培训中，整合语言、艺术、科学、健康等多个领域的知识，设计跨学科的教学主题和活动。以"春天的奥秘"主题活动为例，教师可以引导幼儿通过观察春天的自然现象，学习科学知识；用绘画、手工等艺术形式表达对春天的感受；通过讲述春天的故事、诗歌，提高语言表达能力；开展户外活动，增强幼儿的身体素质。通过这样的跨学科教学培训，教师能够掌握跨学科教学的方法和策略，在实际教学中打破学科界限，为幼儿提供更加丰富多样、综合性的学习体验。

（四）采用线上线下结合的混合式培训模式

在线学习平台提供大量的视频课程、电子书籍、学术论文等学习资料，涵盖学前教育的各个领域和最新研究成果。教师可以根据自己的时间和需求，自主选择学习内容和学习进度。教师可以通过观看教学视频，学习优秀教师的教学经验和方法；阅读学术论文，了解学前教育的前沿理论和研究动态。线上培训还可以设置互动交流环节，如在线讨论区、论坛等，让教师之间可以随时交流学习心得和体会，共同解决遇到的问题。线下培训则注重实践操作和面对面的交流指导，可以组织教师参加工作坊、研讨会、实地观摩等活动，让教师在实践中应用所学知识，提高教学技能。在工作坊中，教师可以分组进行教学方案设计、教具制作等实践活动，培训者现场给予指导和反馈；通过实地观摩优秀幼儿园的教学活动，教师可以亲身感受先进的教学理念和教学方法在实践中的应用，学习他人的经验和长处。

（五）注重行动研究

行动研究强调教师在自己的教学实践中发现问题、提出假设、采取行动并进行反思和调整。在培训中，引导教师开展行动研究，鼓励他们关注教学实践中的实际问题，如幼儿的学习兴趣不高、教学效果不理想等。教师可以针对这些问题提出自己的假设和解决方案，并在教学实践中进行尝试。在尝试过程中，教师要不断观察幼儿的反应和学习效果，收集相关数据和信息，对自己的教学行为进行反思和总结。如果发现问题没有得到解决，教师要分析原因，调整解决方案，再次进行实践。通过这样的行动研究过程，教师不仅能够解决教学实践中的问题，提高教学质量，还能够不断提升自己的教育研究能力和专业素养。

（六）进行角色扮演和情景模拟

设定具体的教学情境，让教师扮演不同的角色，如教师、幼儿、家长等，模拟教学活动中的各种场景和互动环节。在角色扮演中，教师可以更加深入地理解幼儿的思维方式和行为特点，学习如何与幼儿进行有效的沟通和互动；通过模拟与家长的交流场景，教师可以提高与家长沟通合作的能力，学会如何向家长反馈幼儿的学习情况，听取家长的意见和建议，共同促进幼儿的成长。情景模拟还可以帮助教师应对教学中的突发情况，提高教师的应变能力和解决问题的能力。

创新培训内容与方式是优化教师培训体系的关键环节。更新培训内容，融入前沿理念、实践案例和跨学科知识，以及采用线上线下结合、行动研究、角色扮演和情景模拟等多样化的培训方式，可以提高培训的针对性和实效性，激发教师的学习兴趣和积极性，促进教师在学前教育融合中的专业发展，为学前教育事业的发展培养更多高素质的教师。

四、培训体系的保障与评估机制

为确保学前教育融合中教师培训体系的有效实施，建立健全培训保障机

制并构建科学的培训评估体系至关重要，这两者相辅相成，共同为培训质量的提升和教师专业发展提供坚实支撑。

（一）完善的培训管理制度

幼儿园应建立规范的培训组织管理机构，明确各部门和人员在培训工作中的职责分工，确保培训工作的有序开展。制订详细的培训计划，包括培训目标、培训内容、培训方式、培训时间安排等，使培训工作有章可循。加强对培训过程的管理，严格执行培训考勤制度，对教师的培训参与情况进行记录和考核，保证教师按时、足额地参加培训。建立培训档案管理制度，对教师的培训记录、培训成果等进行整理和归档，为教师的职业发展和培训效果评估提供依据。

（二）科学的培训评估体系

在构建培训评估体系时，应明确评估指标，从培训内容、培训方式、培训师资、培训效果等多个维度进行评估。培训内容方面，可考查其是否符合学前教育融合的需求，是否具有针对性、实用性和前沿性；培训方式方面，可关注其是否多样化、灵活化，是否能够激发教师的学习兴趣和积极性；培训师资方面，可考量其专业水平、教学能力和实践经验；培训效果方面，则可从教师的知识技能提升、教学行为改进、教育教学质量提高等方面进行评估。

采用多元化的评估方法能够更全面、客观地评价培训质量。因此，可以运用问卷调查法，在培训前后分别向教师发放问卷，了解他们对培训内容、培训方式等方面的满意度以及在知识技能等方面的收获；也可运用访谈法，通过与教师、培训者进行面对面交流，深入了解培训过程中存在的问题和教师的需求；还可运用观察法，在培训现场观察教师的参与度、表现等情况。此外，还可以进行实践操作考核，检验教师在培训后对所学知识技能的实际应用能力。

（三）及时、有效的评估反馈

培训评估结束后，应将评估结果及时反馈给培训者和教师。培训者根据反馈意见，分析培训中存在的问题，如培训内容的深度和广度是否合适、培训方式是否有效等，进而调整和改进培训方案，提高培训质量。教师根据评估结果，深入了解自己在培训中的优势和不足，明确努力方向，并有针对性地进行学习和提升。建立跟踪反馈机制，对教师在培训后的教学实践进行跟踪观察，了解培训对教师教学行为和教育教学质量的实际影响，进一步评估培训的长效效果，为后续培训提供参考。

培训体系的保障与评估机制是优化教师培训体系的重要组成部分。建立健全政策支持、资金投入等保障机制，以及构建科学的评估指标、采用多元化评估方法和完善反馈机制，能够确保培训工作的顺利开展和培训质量的不断提升，为学前教育融合中教师的专业发展提供有力保障，推动学前教育事业朝着高质量方向发展。

第三节 教师合作与教研共同体的建设路径

一、教师合作与教研共同体的内涵与价值

在学前教育融合的进程中，教师合作与教研共同体的建设成为推动教师专业发展、提升教育教学质量的关键要素。理解其内涵与价值，对于把握学前教育发展方向、促进教师成长具有重要意义。

教师合作是指学前教育教师之间为实现共同的教育目标，基于平等、互助的原则，在教学实践、教育研究、专业发展等方面进行协作与交流的行为。这种合作打破了教师个体孤立工作的状态，构建起相互支持、共同进步的关系网络。在日常教学活动中，教师们围绕课程设计、教学方法选择、教学资源开发等展开合作。教师们共同探讨如何将实践元素融入语言教学中，通过合作设计生动有趣的语言实践活动，如角色扮演、故事创编等，让幼儿在实践中提升语言表达能力。教师们还会在班级管理、幼儿行为引导等方面分享经验，共同解决教育过程中遇到的难题。当面对幼儿的分离焦虑问题时，有经验的教师会分享自己的应对策略，帮助新教师更好地安抚幼儿情绪，建立良好的师生关系。

教研共同体则是由具有共同教育理念和目标的教师组成的学术、教学交

流平台。在这个平台上，教师们共同探讨教学问题、共享教学资源、互相启发，以实现教学水平和专业素养的提升。教研共同体具有明确的组织目标，即促进教师专业发展和提高教育教学质量。教研共同体成员围绕学前教育融合中的热点和难点问题，如实践活动的有效组织与指导、幼儿实践能力的培养等，开展深入的研究和讨论。教研共同体强调成员之间的互动与合作，通过集体备课、教学观摩、案例分析等活动形式，实现知识共享和经验交流。在集体备课过程中，教师们充分发挥各自的优势，共同设计教学方案，整合教学资源，优化教学过程；教学观摩活动则让教师们有机会学习他人的教学长处，反思自己的教学不足，促进教学方法的改进和创新。

教师合作与教研共同体对于教师专业成长具有多方面的促进作用。它为教师提供了丰富的学习资源和多元化的学习视角。在教研共同体中，教师们来自不同的背景，拥有不同的教学经验和专业知识，通过合作与交流，教师可以接触到更多的教学理念、方法和策略，拓宽自己的视野，更新自己的教育观念。一位擅长艺术领域教学的教师，通过与其他教师合作参与科学领域的教研活动，能够学习到科学教学的方法和技巧，将艺术元素融入科学教学中，为幼儿带来全新的学习体验，同时也丰富了自己的教学手段。

教师合作与教研共同体能够激发教师的创新思维和研究意识。在共同面对教育教学问题时，教师们通过头脑风暴、经验分享等方式碰撞出思维的火花，共同探索创新的解决方案。在探讨如何培养幼儿的创新能力时，教师们可能会从不同角度提出自己的想法，如开展创意手工活动、鼓励幼儿自主探索等，这些想法相互启发，促使教师不断尝试新的教学方法和活动形式，推动教育教学的创新发展。教研共同体还为教师提供了开展教育研究的平台，教师们可以结合教学实践中的问题共同开展课题研究，提升自己的教育研究能力和专业素养。

在提升教育教学质量方面，教师合作与教研共同体同样发挥着重要作用。通过共同备课、教学观摩等活动，教师们能够不断优化教学方案，提高教学活动的设计与组织水平。在集体备课中，教师们共同分析教材、了解幼儿的学习特点和需求，制订出更加符合幼儿发展水平的教学计划和教学目标，选择更加有效的教学方法和教学手段，从而提高教学的针对性和实效性。教师合作与教研共同体能够促进教学资源的共享与整合，提高资源的利用效率。教师们可以将自己在教学实践中积累的优质教学资源，如教案、课件、教具等，分享给教研共同体成员，同时也可以借鉴他人的优秀资源，丰富自己的教学内容，为幼儿提供更加丰富多样的学习材料。教师们还可以共同开发具有特色的园本课程，将本地的文化资源、自然资源等融入课程中，满足幼儿的个性化学习需求，提升幼儿园的教育教学特色和质量。

教师合作与教研共同体的内涵丰富，价值重大。它是教师专业成长的重要支撑，也是提升学前教育教学质量的有效途径。在学前教育融合的背景下，积极推动教师合作与教研共同体的建设，能够促进教师之间的交流与合作，激发教师的创新活力，为学前教育事业的发展注入新的动力。

二、教师合作与教研共同体建设过程中的挑战与困境

教师合作与教研共同体尽管在学前教育融合中具有重要价值，但在实际建设过程中面临着诸多挑战与困境，这些问题制约着共同体的有效运行和发展，需要深入分析并加以解决。

（一）教师观念差异

不同教师由于教育背景、教学经验、个人经历等方面的不同，对学前教育融合的理解和认识存在较大差异，进而导致教育观念的分歧。部分教师受传统教育观念的束缚，过于强调知识的传授，忽视幼儿实践能力和综合素质的培养，在参与教研共同体活动时对一些强调实践和创新的理念和方法持怀疑态度，难以积极主动地参与相关讨论和实践。一些教师长期以来形成了固定的教学模式和思维习惯，认为传统的教学方法已经足够应对教学需求，不愿意尝试新的教学理念和方法，对教研共同体倡导的合作学习、探究式教学等理念缺乏认同感，这在一定程度上阻碍了教研共同体活动的开展和新教育理念的推广。

（二）合作动力不足

教师日常工作任务繁重，除了教学工作外，还需要承担班级管理、幼儿保育、与家长沟通等多项职责，导致他们参与教研共同体活动的时间和精力有限。在这种情况下，部分教师对参与共同体活动积极性不高，认为这会增

加自己的工作负担，影响自身的工作和生活平衡。此外，缺乏有效的激励机制也是导致合作动力不足的重要原因。目前，很多幼儿园对教师参与教研共同体活动的激励措施不够完善，教师参与活动的成果未能与个人的职业发展、绩效考核等紧密挂钩，使得教师缺乏内在的动力去积极投入教研共同体的建设和活动。即使一些教师在教研共同体活动中取得了一定的成果，也没有得到相应的认可和奖励，这进一步减少了教师参与合作的积极性。

（三）时间冲突

学前教育教师的工作时间安排较为紧凑，课程教学、班级管理等工作占据了大部分时间。而教研共同体的活动通常需要教师在课余时间参加，这就导致教师在时间分配上出现冲突。教师可能需要在活动设计与组织、一日活动安排、照顾幼儿等工作与教研共同体活动之间进行艰难的抉择，很多时候不得不因为工作任务的紧迫性而放弃参与教研共同体活动。此外，不同教师的课程安排和工作任务不同，很难找到一个统一的时间来开展教研共同体活动，这也给活动的组织和开展带来了很大的困难，影响了教师之间的合作与交流。

（四）资源分配不均

不同幼儿园之间在教学资源、师资力量等方面存在较大差距。一些优质幼儿园拥有丰富的教学设备、图书资料和专业的教师队伍，能够为教研共同体提供充足的资源支持；而一些薄弱幼儿园则面临教学资源匮乏、师资短缺的问题，在参与教研共同体活动时无法提供相应的资源，也难以从教研共同体中获得足够的支持和帮助，导致教研共同体内部发展不平衡，影响整体的合作效果。即使在同一幼儿园内部，不同班级、不同学科的教师之间也可能存在资源分配不均的情况，这也会引发教师之间的矛盾和不满，不利于教研共同体的和谐发展。

（五）沟通协作障碍

教师之间的沟通协作是教研共同体有效运行的关键，但在实际工作中，由于教师之间的性格差异、工作方式不同以及缺乏有效的沟通渠道和协作机制，常常出现沟通不畅、协作困难的问题。在讨论教学问题时，部分教师可能过于坚持自己的观点，不愿意倾听他人的意见和建议，导致讨论无法达成共识，影响问题的解决。在合作开展教学活动或研究项目时，由于缺乏明确的分工和协作流程，教师之间可能出现职责不清、互相推诿的现象，降低了工作效率，阻碍了共同体的发展。

教师合作与教研共同体建设过程中面临的这些挑战与困境，严重影响了共同体的建设成效和教师专业发展。只有深入分析这些问题产生的原因，并采取针对性的措施加以解决，才能打破困境，推动教师合作与教研共同体的健康发展，充分发挥其在学前教育融合中的积极作用。

三、教师合作与教研共同体的建设路径与策略

为了突破教师合作与教研共同体建设过程中的重重困境，切实发挥其在学前教育融合中的积极作用，需要采取一系列行之有效的建设路径与策略。

（一）营造合作文化

幼儿园应致力于打造开放、包容、互助的合作氛围，让教师们在这种文化环境中感受到合作的价值和意义。可以通过组织团队建设活动，如户外拓展、主题团建等，增加教师之间的信任和了解，促进团队凝聚力的提升。在户外拓展活动中，教师们通过共同完成各种挑战任务，如团队拔河、接力比赛等，学会相互支持、协作配合，从而建立起更加紧密的合作关系。幼儿园可以定期开展经验分享会、教育故事分享会等活动，鼓励教师们分享自己在教学实践中的成功经验、失败教训以及教育心得，形成相互学习、共同进步的良好氛围。在经验分享会上，教师们可以分享自己在组织实践活动中的创新方法和遇到的问题及解决方法，其他教师可以从中学习借鉴，共同探讨更好的解决方案。

（二）建立激励机制

幼儿园应将教师参与教研共同体活动的表现与个人的职业发展紧密挂钩，在职称评定、评优评先等方面，优先考虑积极参与教研共同体活动且取得显著成果的教师。对于在教研共同体中表现突出，如提出创新性教学方法并在实践中取得良好效果、积极参与课题研究并取得一定成果的教师，在职称评定时给予适当的加分或优先晋升的机会。此外，还可以设立专门的教研奖励基金，对在教研共同体活动中表现优秀、为教研共同体发展做出突出贡献的

教师给予物质奖励，如颁发奖金、奖品等，激发教师参与合作的积极性和主动性。也可以通过荣誉表彰的方式，对优秀教师进行公开表扬，如评选"教研之星""合作先锋"等荣誉称号，增强教师的职业成就感和荣誉感。

（三）合理安排时间

幼儿园应根据教师的工作实际情况，灵活调整教研共同体活动的时间安排。除了利用课余时间开展活动外，可以尝试将教研活动与教师的日常教学工作有机结合，如在课程教学间隙安排短时间的研讨活动，或者在每周固定的教学活动时间内划出一部分时间，用于教研共同体的活动。在上午的教学活动结束后，安排30分钟的时间，让教师们针对当天的教学情况进行简单的交流和讨论，分享教学中的亮点和问题，共同探讨改进措施。采用线上线下相结合的方式开展教研活动，对于一些理论学习、经验分享等内容，可以通过线上平台进行，教师们可以在自己方便的时间进行学习和交流，打破时间和空间的限制。对于一些需要实地观摩、实践操作的活动，则安排线下进行，确保活动的效果。

（四）优化资源配置

教育主管部门应加大对实力薄弱的幼儿园的扶持力度，在教学设备、图书资料、师资培训等方面给予更多的资源倾斜，缩小不同幼儿园之间的资源差距。例如，为薄弱幼儿园配备先进的教学设备，如多媒体教学一体机、电子白板等，丰富幼儿园的教学手段；提供丰富的图书资料，满足幼儿和教师的阅读需求；组织教师参加专业培训，提升教师的专业素养。幼儿园内部也应合理分配资源，确保每个班级、每个教师都能获得公平的资源支持。在教学资源的分配上，根据班级和教师的实际需求，制定科学合理的分配方案，避免资源分配不均的情况发生。同时，应建立资源共享机制，鼓励教师之间相互分享教学资源，提高资源的利用效率。教师们可以将自己制作的优质教案、课件、教具等上传到幼儿园的资源共享平台，供其他教师下载使用，实现资源的最大化利用。

（五）搭建沟通平台

幼儿园应建立多样化的沟通渠道，如定期召开教研会议、设立教师意见箱、利用即时通信工具建立教师交流群等，方便教师之间及时沟通交流。在教研会议上，教师们可以就教学中的问题进行深入讨论，共同寻找解决方案；教师意见箱可以收集教师们的意见和建议，幼儿园管理层应及时进行反馈和处理；教师交流群可以让教师们随时随地交流工作中的想法和经验，分享教学资源。制定明确的沟通协作规范和流程，明确教师在合作中的职责和分工，避免出现职责不清、互相推诿的现象。在合作开展教学活动时，制定详细的活动方案，明确每个教师的任务和责任，确保活动的顺利进行。加强教师之间的沟通技巧培训，提高教师的沟通能力和协作能力，促进教师之间的有效沟通和协作。通过举办沟通技巧培训讲座、开展沟通技巧实践活动等方式，帮助教师学会倾听、表达和理解他人的观点，提升沟通效果。

营造合作文化、建立激励机制、合理安排时间、优化资源配置和搭建沟通平台等一系列建设路径与策略的实施，可以有效解决教师合作与教研共同体建设过程中面临的诸多问题，促进教师之间的深度合作与交流，推动教研共同体的健康发展，为学前教育融合提供有力的支持，提升学前教育的质量和水平。

第四节　教师在学前教育融合中的反思与成长策略

一、反思的重要性与理论基础

在学前教育融合的背景下，教师的反思对于自身专业成长和教育教学质量的提升具有不可忽视的重要意义，而反思性实践理论等则为教师的反思提供了坚实的理论支撑。

（一）反思是教师专业成长的关键驱动力

波斯纳提出的"经验 + 反思 = 成长"公式深刻揭示了反思在教师成长过程中的核心地位。教师在日常教育教学实践中积累了丰富的经验，但如果仅仅停留在经验的表面，而不对其进行深入反思，这些经验就难以转化为促进自身成长的有效养分。只有通过反思，教师才能从日常的教育教学活动中发现问题、分析问题，并寻找解决问题的方法，从而不断调整自己的教学行为，提升教学能力。在组织幼儿进行科学实验活动时，教师可能会发现幼儿对实验步骤的理解存在困难，导致实验效果不佳。通过反思，教师可以分析原因（例如，是实验步骤讲解不够清晰还是幼儿的认知水平尚未达到理解的程度），进而调整教学方法，如采用更直观的演示、简化实验步骤等，以提高教学效果。这种反思过程促使教师不断思考和探索，逐渐形成自己独特的教育教学风格和方法，实现从经验型教师向反思型、专家型教师的转变。

（二）反思有助于教师提升教育教学质量

在学前教育融合中，教师面临着不断变化的教育情境和多样化的教育需求。通过反思，教师能够敏锐地捕捉到教育教学过程中的问题和不足，及时调整教学策略和方法，以更好地满足幼儿的学习需求。教师在观察幼儿的游戏活动时发现，部分幼儿对某一游戏材料的兴趣不高，参与度较低。教师可以思考游戏材料是否符合幼儿的年龄特点和兴趣爱好、游戏规则是否过于复杂等问题，然后根据反思结果对游戏进行调整，如更换游戏材料、简化游戏规则等，从而提高幼儿的参与度，优化学习效果。反思还能帮助教师不断优化教学过程，提高教学的针对性和有效性，使教育教学活动更加符合幼儿的发展规律和特点，进而提升整体的教育教学质量。

唐纳德·舍恩的反思性实践理论为教师的反思提供了重要的理论依据。该理论主张以"活动中的反思"为原理的"反思性实践"去替代以技术理性为原理的"技术性实践"。"在行动中认识"是反思性实践的前提，它强调有些行动、认识和判断是教师知道如何自发性地执行的，而无须在事先或当时进行思考，但这些内隐认识在实践中发挥着重要作用。在组织幼儿的户外活动时，教师可能会根据以往的经验和直觉，自然而然地选择合适的活动场地、安排活动内容和保障幼儿安全，这些行动背后蕴含着教师在长期实践中形成的内隐认识。

"在行动中反思"是反思性实践的核心，它是实践者在行动过程中表现出的思考，是一个持续框定问题情境、应用先验知识和经验获得令人满意之结果的过程。当教师在教学活动中遇到意外情况，如幼儿对某个教学内容不感兴趣、出现突发的行为问题等，这些"出其不意"的情况会触发教师对教学过程和自身教学行为的反思。教师会思考问题产生的原因（例如，是教学方法不当还是对幼儿的兴趣和需求把握不准确等），然后根据反思结果及时调整教学策略，如改变教学方式、调整教学内容等，以解决问题，使教学活动顺利进行。在这个过程中，行动与反思相互补充，行动拓展了反思，反思又回馈给行动与行动的结果，促使教师不断改进教学实践，提高教学水平。

反思在学前教育融合中对教师的专业成长至关重要，而反思性实践等相关理论为教师的反思提供了科学的指导和理论支持。教师应深刻认识反思的重要性，以相关理论为指导，积极开展反思活动，不断提升自己的专业素养和教育教学能力，为幼儿的成长和发展提供更优质的教育服务。

二、教师反思的内容与方法

教师反思的内容丰富多元，涵盖教育教学实践的各个方面，而采用恰当的反思方法则能使反思更具成效，促进教师不断成长与进步。

（一）教师反思的内容

1. 教学实践反思

教师应反思教学目标的设定是否合理，是否符合幼儿的年龄特点和发展水平，是否与学前教育融合的理念相契合。例如，在开展科学活动"有趣的磁铁"时，教师设定的教学目标是让幼儿了解磁铁的基本特性，并能运用磁铁解决简单的问题。教师在反思时需要思考这个目标对于本班幼儿来说是否难度适宜，是否能够激发幼儿的探究兴趣和积极性。如果发现部分幼儿在活动中对目标内容理解困难，参与度不高，教师就需要反思目标的设定是否过高或过低，是否需要调整目标以更好地满足幼儿的学习需求。

2. 教学方法的选择和运用的反思

教师要思考自己在教学过程中所采用的教学方法是否有效，是否能够吸引幼儿的注意力，激发他们的学习兴趣和主动性。例如，在语言教学活动中，教师采用了故事讲述法和角色扮演法来帮助幼儿理解和掌握语言知识。教师在反思时可以回顾幼儿在活动中的表现，观察他们是否积极参与故事讲述和角色扮演，是否通过这些方法真正理解和掌握了相关的语言知识和技能。如果发现幼儿在活动中表现出注意力不集中、参与度不高的情况，教师就需要反思教学方法的选择是否合适，是否需要尝试其他更有效的教学方法，如游戏教学法、情境教学法等，以提高教学效果。

3. 教学过程中的师生互动反思

教师要关注自己与幼儿之间的互动是否积极、有效，是否能够建立良好的师生关系。在课堂上，教师是否认真倾听了幼儿的想法和观点，是否给予了他们足够的表达机会和鼓励。教师还需要反思自己的提问方式是否恰当，是否能够引导幼儿深入思考，激发他们的思维能力。例如，在一次数学活动中，教师提问："5个苹果分给2个小朋友，每个小朋友能分到几个？"部分幼儿回答后，教师只是简单地给出了对错的评价，而没有进一步引导幼儿思考不同的分法以及其中蕴含的数学原理。教师在反思时意识到，自己应该更加注重提问后的引导和追问，鼓励幼儿多角度思考问题，培养他们的数学思维能力。

此外，教师与家长的互动同样重要。教师要反思：自己与家长的沟通是否及时、有效，是否能够共同促进幼儿的成长；是否定期向家长反馈幼儿在园的学习和生活情况，是否认真倾听了家长的意见和建议；在与家长交流时，教师的沟通方式是否恰当，是否能够让家长理解和接受自己的教育理念和方法；当幼儿在园出现问题时，教师与家长的合作是否默契，是否能够共同寻找解决问题的方法。如果发现与家长的沟通存在问题，教师需要反思自己的沟通方式和态度，积极改进，加强与家长的合作，形成教育合力。

教师还应反思：自己对幼儿的观察和了解是否深入；是否能够敏锐地捕捉到幼儿的兴趣点、需求和发展变化，从而及时调整教学内容和方法，满足幼儿的个性化发展需求；在日常教学中，是否关注到了每个幼儿的表现，是否对幼儿的行为和情绪变化进行了细致的观察和分析。如果教师发现自己对某些幼儿的了解不够深入，就需要加强观察，与幼儿进行更多的交流和互动，以便更好地因材施教。

（二）教师反思的方法

为了更好地进行反思，教师可以采用撰写教学日志、同伴互助、组织反思会议等多种方法。

1. 撰写教学日志

教师可以在每天教学活动结束后，记录下当天教学的主要内容、教学过程中发生的重要事件、自己的教学感受和体会以及遇到的问题和困惑等。通过撰写教学日志，教师可以对当天的教学实践进行回顾和总结，发现自己在教学中的优点和不足，思考改进的方法和措施。在教学日志中，教师可以详细记录一次科学实验活动的组织过程，包括实验材料的准备、实验步骤的讲解、幼儿的参与情况以及实验过程中出现的问题等，然后对这些内容进行分析和反思，总结经验教训，为今后的教学提供参考。

2. 同伴互助

教师可以与同事进行交流和合作，分享教学经验和反思成果。通过相互观摩教学活动、开展教学研讨和交流会议等方式，教师可以从同伴身上学习到不同的教学理念、方法和技巧，同时也可以听取同伴对自己教学的意见和建议，发现自己的不足之处。例如，在观摩了一位同事的美术教学活动后，教师可以与同事进行交流，分享自己对该活动的看法和感受，同时也听取同事对自己教学活动的建议，共同探讨如何更好地开展美术教学活动，提高教学质量。

3. 组织反思会议

教师可以定期组织反思会议，与同事们一起分享教学经验和反思成果。在会议中，教师们可以围绕特定的教学主题或问题展开讨论，共同分析问题产生的原因，寻找解决问题的方法。反思会议还可以促进教师之间的合作与交流，形成良好的教学研究氛围。例如，在一次反思会议中，教师们围绕"如何提高幼儿在数学活动中的参与度"这一主题展开讨论，教师们分享了自己在教学中的经验和做法，同时也提出了一些问题和困惑，通过共同讨论，大家相互启发，找到了一些有效的解决方法。

教师在学前教育融合中，应明确反思的内容，掌握有效的反思方法。通过对教学实践、与幼儿和家长的互动等方面的反思，以及运用撰写教学日志、同伴互助、反思会议等方法，教师能够不断总结经验教训，改进教学行为，提升教育教学能力，促进自身的专业成长，为幼儿提供更优质的教育服务。

三、促进教师成长的策略与途径

为了实现教师在学前教育融合中的持续成长，需要采取一系列行之有效

的策略与途径，这些策略和途径相互关联、相互促进，共同为教师的专业发展提供有力支持。

（一）参与专业学习活动

定期参加学前教育领域的学术研讨会是增加专业知识的重要途径。在研讨会上，教师们能够接触到最新的教育研究成果和前沿理念，与同行们交流经验，分享见解。例如，在一次关于学前教育课程改革的研讨会上，教师们共同探讨了如何将教育融合理念融入学前教育课程，通过听取专家报告、参与小组讨论等形式，深入了解了跨学科课程的设计原则和实施方法，这为他们在实际教学中创新课程设计提供了思路和灵感。阅读专业书籍和学术期刊也是不可或缺的学习方式。专业书籍和期刊中蕴含着丰富的教育理论和实践案例，教师可以从中汲取营养，不断丰富自己的专业知识体系。教师通过阅读《学前教育研究》等学术期刊，了解国内外学前教育的最新研究动态和实践经验，学习先进的教学方法和教育理念，并将其应用到自己的教学实践中。

（二）参与教育研究

教师应结合教学实践中遇到的问题，积极开展行动研究。例如，在教学中发现幼儿对数学活动的兴趣不高，教师可以以此为切入点，开展行动研究。教师先提出假设，如改变教学方法、设计有趣的数学游戏等可能会提高幼儿的兴趣。然后，教师在教学实践中实施这些措施，并观察幼儿的反应和学习效果。通过对数据的收集和分析，教师可以验证假设是否成立，如果效果不理想，教师可以进一步分析原因，调整研究方案，再次进行实践。在这个过程中，教师不断反思和改进自己的教学行为，不仅解决了教学中的实际问题，还提升了自己的教育研究能力和专业素养。

（三）参与课题研究

教师应与其他教师或研究人员合作，共同探索学前教育融合中的重要问题。例如，在参与"学前教育实践活动资源开发与利用"的课题研究中，教师们通过调查研究、案例分析等方法，深入了解幼儿园实践活动资源的现状和存在的问题，共同探讨解决方案。在研究过程中，教师们分工协作，充分发挥各自的优势，有的负责资料收集，有的负责数据分析，有的负责撰写报告。通过参与课题研究，教师们不仅提高了自己的研究能力，还为学前教育实践活动资源的开发与利用做出了贡献，同时也增强了团队合作精神和创新意识。

（四）创新教学实践

教师应积极尝试新的教学方法和活动形式，不断创新教学实践。例如，教师可以根据幼儿的兴趣和发展水平，在教学中引入项目式学习方法，设计一些具有挑战性的项目任务，如"我爱我的幼儿园"项目，让幼儿通过调查、采访、绘画、手工制作等方式，了解幼儿园的历史、设施、工作人员等，并用自己的方式展示对幼儿园的认识和喜爱。在这个过程中，教师作为引导者，可以帮助幼儿确定项目目标、制订计划、解决问题，培养幼儿的综合能力和创新思维。教师还可以开展特色实践活动，如利用当地的文化资源，开展民俗文化体验活动，让幼儿了解家乡的传统文化，增强文化认同感和归属感。

（五）建立专业成长档案

教师可以记录自己的教学经历、反思成果、专业发展目标和计划等内容。在教学经历部分，教师详细记录每一次教学活动的过程、幼儿的表现和教学效果等；反思成果部分则记录教师对教学活动的反思，包括成功经验、不足之处以及改进措施等；专业发展目标和计划部分明确教师在不同阶段的发展目标，如提高教学技能、开展教育研究等，并制订相应的实施计划。通过建立专业成长档案，教师可以对自己的专业发展历程进行系统的回顾和总结，发现自己的成长轨迹和不足之处，及时调整发展方向和计划，促进自身的持续成长。

（六）积极寻求专业支持和指导

专家和骨干教师具有丰富的经验和专业知识，能够为教师提供有价值的指导和帮助。教师可以定期邀请专家到幼儿园开展讲座和指导活动，与专家进行面对面的交流，解决自己在教学和研究中遇到的困惑。教师还可以与骨干教师结成师徒对子，通过师徒之间的交流和学习，教师可以学习到骨干教师的教学经验、教育智慧和敬业精神，快速提升自己的专业水平。

促进教师在学前教育融合中的成长，需要教师自身积极参与专业学习、教育研究和实践探索，建立专业成长档案，同时寻求专业支持和指导。通过这些策略与途径，教师能够不断提升自己的专业素养和教育教学能力，更好

地适应学前教育融合的发展需求,为幼儿的成长和发展提供更优质的教育服务。

四、构建教师成长的支持体系

教师在学前教育融合中的成长,离不开学校、教育行政部门、社会等多方构建的支持体系。这一体系从不同层面为教师提供全方位的保障,助力教师在专业道路上稳步前行。

(一)学校支持体系

学校作为教师工作的直接场所,在教师成长中扮演着至关重要的角色。

1. 制度建设

学校应建立完善的教师激励制度,除了前文提到的将教师参与教研、教学成果与职称评定、评优评先挂钩外,还可以设立教学创新奖、教育科研奖等专项奖励,对在教学方法创新、课程开发、教育研究等方面取得突出成绩的教师给予表彰和奖励。设立"教学创新奖",鼓励教师积极尝试新的教学方法和活动形式,对那些在教学中引入创新理念并取得良好教学效果的教师给予奖金、荣誉证书等奖励,激发教师的创新积极性。

2. 教学资源

学校要加大对教学设施设备的投入,如配备先进的多媒体教学设备、教学软件等,为教师开展多样化的教学活动提供物质基础;购置智能教学一体机,教师可以利用其丰富的教学资源和互动功能,开展更加生动有趣的教学活动,提高教学的吸引力和实效性。学校还应建设丰富的图书资料室,提供涵盖学前教育理论、教学实践案例、儿童文学作品等多方面的书籍和期刊,满足教师的学习和研究需求;定期更新图书资料,确保教师能够接触到最新的教育信息和研究成果。

3. 校园文化氛围

学校应营造良好的校园文化氛围,倡导合作、创新、反思的教育理念。通过组织各种文化活动,如教师文化节、教育论坛等,增加教师之间的交流与合作,促进教师之间的经验分享和共同成长。在教师文化节上,教师们可以展示自己的教学成果、教育心得,分享自己在教学实践中的创新经验和成功案例，互相学习，共同进步。

（二）教育行政部门支持体系

教育行政部门在教师成长支持体系中发挥着宏观调控和政策引导的重要作用。在政策制定与扶持方面，教育行政部门应制定有利于教师专业发展的政策法规，明确教师在学前教育融合中的地位和作用，为教师的专业发展提供政策保障，鼓励教师参加培训、开展教育研究，对积极参与的教师给予一定的政策优惠和支持，如提供培训补贴、科研项目资助等。

教育行政部门要加大对学前教育的投入，合理分配教育资源，缩小城乡、园所之间的差距。增加对农村幼儿园和实力薄弱的幼儿园的资金投入，改善其教学条件，提升师资待遇，为这些地区的教师提供更好的工作环境和发展机会，吸引更多优秀教师投身农村学前教育事业。教育行政部门还应建立教师流动机制，通过教师支教、轮岗等方式，让城市优秀教师到农村和薄弱幼儿园交流任教，同时也为农村和薄弱幼儿园的教师提供到城市优质幼儿园学习的机会，促进教师之间的相互学习和共同提高，促进优质教师资源的均衡配置。

（三）社会支持体系

社会各界也应积极参与教师成长支持体系。企业可以通过捐赠教学设备、幼儿玩具、图书等，改善幼儿园的教学条件，为教师的教学活动提供更多的资源；也可以设立教育基金，用于奖励优秀教师、资助教师的培训和教育研究项目，激励教师不断提升自己的专业素养。

专业教育机构可以通过开展专题讲座、培训课程等方式，为教师提供专业的培训和咨询服务，帮助教师更新教育观念，提升专业知识和技能。专业教育机构还可以开展教师心理咨询服务，关注教师的心理健康，帮助教师缓解工作压力，使其保持良好的工作状态。

家长作为幼儿教育的重要参与者，应积极支持教师的工作，与教师建立良好的合作关系。家长要理解教师的工作，配合教师开展教育教学活动，共同促进幼儿的成长。家长可以参与幼儿园的亲子活动、家长志愿者活动等，协助教师组织活动，为幼儿提供更好的教育体验。家长还应积极与教师沟通交流，反馈幼儿在家的表现和需求，为教师的教育教学提供参考。

构建教师成长的支持体系是一个系统工程,需要学校、教育行政部门、社会等多方共同努力。完善学校管理制度、提供丰富教学资源,制定合理政策、均衡教育资源,以及社会各界的积极参与和家长的支持配合等途径,能够为教师的成长创造良好的环境和条件,促进教师在学前教育融合中不断提升专业素养,为学前教育事业的发展贡献力量。

第六章
学前教育融合实践的深化与推广路径

第一节　优秀教育融合实践案例的提炼与传播

一、教育融合案例的选取与分析

（一）教育融合案例

某实施教育融合的幼儿园在接纳特殊儿童时，首要工作是对特殊儿童进行全面且细致的评估。评估团队由专业的特殊教育教师、心理专家以及医护人员组成，运用多种评估工具和方法，包括发展量表测评、行为观察记录以及与家长的深度访谈等，通过这些方式深入了解特殊儿童的生理、心理发展状况，包括智力水平、语言表达能力、社交互动能力、行为习惯等方面，为后续个性化教育方案的制定提供科学依据。

1. 课程设计

该幼儿园秉持着"个别化与融合"的原则。针对特殊儿童的特殊需求，设计了专门的个别化教育计划。例如，对于患有孤独症的儿童，课程中增加了大量的社交技能训练内容，通过角色扮演、小组游戏等方式，帮助他们逐步提升社交互动能力；对于有语言发展迟缓问题的儿童，配备专业的语言治疗师，开展一对一的语言康复训练课程。同时，积极让特殊儿童融入普通班级，在艺术、体育、科学等课程中，通过分组合作、同伴互助等形式，让特殊儿童与普通儿童共同学习、共同成长，促进他们之间的交流与融合，使特殊儿童在自然的环境中获得发展。

2. 师资培训

该幼儿园定期组织教师参加教育融合专业培训，培训内容包括特殊儿童心理学、特殊教育教学方法、个别化教育计划的制订与实施等。邀请特殊教育领域的专家学者进行讲座和指导，分享最新的研究成果和实践经验。此外，还鼓励教师之间开展经验交流和案例研讨活动，分享各自在教育特殊儿童过程中的心得与困惑，共同探索更有效的教育方法。同时，为教师提供外出学习的机会，让他们能够学习其他地区优秀的教育融合实践经验，不断提升自身的专业素养和教育教学能力。

3. 家园共育

该幼儿园通过定期举办家长讲座，向家长普及教育融合的理念和方法，帮助家长正确认识特殊儿童的发展特点和需求，增加家长对教育融合的信心和支持。建立家园沟通机制，教师与家长保持密切的联系，及时反馈特殊儿童在园的学习和生活情况，共同商讨教育策略。组织家长参与幼儿园的教育融合活动，如亲子运动会、家长志愿者活动等，让家长在活动中更好地了解孩子的发展状况，同时也增进特殊儿童家庭与普通儿童家庭之间的交流与理解，营造良好的教育融合氛围。

（二）多元文化教育融合案例

某幼儿园在多元文化教育融合实践方面进行了积极的探索。

1. 课程设计

该幼儿园注重将多元文化元素融入各个领域的课程。例如，在语言领域，除了教授普通话外，还引入了简单的外语词汇和日常用语，让幼儿了解不同国家的语言文化；在艺术领域，开设了世界艺术欣赏课程，向幼儿展示不同国家和民族的绘画、音乐、舞蹈、手工等艺术形式，让幼儿感受多元文化的艺术魅力。此外，还通过主题活动的形式深入开展多元文化教育，如"世界美食节"主题活动，让幼儿了解不同国家的饮食习惯和特色美食，通过制作和品尝美食，体验多元文化的饮食文化；"民族服饰秀"主题活动中，幼儿穿着不同民族的传统服饰，了解各民族服饰的特点和文化内涵，感受民族文化的多样性。

2. 活动实践

该幼儿园定期举办国际文化日活动，邀请不同国家和民族的家长走进幼儿园，与幼儿分享自己国家和民族的文化、习俗、传统节日等。在活动中，家长们会展示传统的手工艺品、表演民族舞蹈、讲述民间故事等，让幼儿亲身感受不同文化的独特之处。此外，还开展国际友好交流活动，与国外的幼儿园建立友好合作关系，通过线上视频交流、互赠手工艺品等方式，让幼儿与国外的小伙伴进行互动，拓宽国际视野。同时，在幼儿园的环境创设中融入多元文化元素，布置世界地图、各国国旗、不同民族的图片等，营造浓厚的多元文化氛围。

3. 评价体系

评价内容不仅关注幼儿对多元文化知识和技能的掌握情况，更注重幼儿在情感态度、价值观方面的发展。例如，观察幼儿在多元文化活动中的参与度、对不同文化的尊重和接纳程度、与不同文化背景伙伴的合作交流能力等。评价方式采用多元化的形式，包括教师观察记录、幼儿作品评价、家长反馈评价以及幼儿自我评价等。该幼儿园通过全面、客观、多元的评价，及时了解多元文化教育融合的实施效果，发现存在的问题和不足，为后续教育教学活动的调整和改进提供依据，不断推动多元文化教育融合的深入发展。

二、案例经验的总结与提炼

（一）个性化教育方案的制定与实施

根据特殊儿童的独特发展状况制订个别化教育计划，能精准满足他们的特殊需求。例如，针对不同类型特殊儿童，如孤独症、智力障碍、语言发展迟缓等，设计与之适配的课程内容和教学方法，确保每个特殊儿童都能在适合自己的教育环境中获得最大程度的发展。这体现了以儿童为中心的教育理念，尊重个体差异，因材施教，是教育融合得以有效推进的关键。

（二）师资培训的重要性

专业的师资队伍是教育融合质量的保障。定期且系统的培训，能够让教师深入了解特殊儿童心理学和教育学知识，掌握有效的特殊教育教学方法，提升制订和实施个别化教育计划的能力。专家讲座、案例研讨、外出学习等多元化培训方式，能够不断更新教师的教育观念，提高他们应对特殊教育教学问题的能力，为教育融合的开展提供坚实的人才支撑。

（三）家园社合作

家庭是孩子成长的第一环境，家长对教育融合的理解和支持至关重要。家长讲座、家园沟通机制以及家长参与教育活动等方式，能够让家长深度参与教育融合过程，形成家园教育合力。同时，社区资源的融入也为教育融合提供了更广阔的空间，如社区组织的文化活动、志愿者服务等，为特殊儿童和普通儿童创造了更多社交互动的机会，有助于营造全社会接纳和支持教育融合的良好氛围。

（四）课程与活动的多元设计

将多元文化元素全方位融入课程，从语言、艺术、饮食、服饰等多个角度，能够让幼儿接触和了解不同国家和民族的文化。举办主题活动和实践活动，如国际文化日、国际友好交流活动等，能够让幼儿在亲身体验中感受多元文化的魅力，增强对不同文化的理解、尊重和接纳，培养幼儿的全球视野和多元文化意识。

（五）完善的评价体系

评价体系不仅能关注知识技能掌握，更要注重情感态度和价值观的培养，通过多元化的评价方式，全面、客观地了解教育效果，及时发现问题并调整教育教学策略，确保多元文化教育融合沿着正确的方向不断发展，实现教育目标。

三、案例传播的策略与途径

为了使优秀的学前教育融合案例发挥更大的价值，需要采用多样化的传播策略与途径，以扩大其影响力，促进经验的广泛交流与应用。

（一）举办研讨会

组织学前教育领域的专家学者、一线教师、教育管理人员等齐聚一堂，共同深入探讨案例中的教育理念、实践方法和创新点。例如，可以举办学前教育融合研讨会，邀请在教育融合方面有丰富经验的幼儿园园长、教师分享成功案例，让参会者在现场交流互动中深入理解教育融合的实施要点和难点，学习如何根据不同特殊儿童的特点制定个性化教育方案，以及如何有效开展家园社合作。同时，专家可以在研讨会上对案例进行专业点评和指导，为参会者答疑解惑，引导大家对教育融合案例进行更深入的思考和学习，从而推动教育融合在更广泛的地区得到有效实施。

（二）发布案例集

将优秀案例整理成册，形成系统的案例资源。案例集应详细阐述每个案例的背景、目标、实施过程、取得的成果以及经验教训等内容。在编写案例集时，可以采用图文并茂、生动易懂的方式，增强案例的可读性和吸引力。案例集不仅可以作为学前教育专业学生的学习教材，帮助他们了解学前教育融合的实际情况，掌握相关的教育方法和技巧；还可以供一线教师参考借鉴，为他们在日常教学中开展教育融合或多元文化教育融合提供实践范例。同时，案例集也可以作为教育部门制定政策和规划的参考依据，为推动学前教育改革和发展提供实践支持。

（三）利用网络平台传播案例

可以建立专门的学前教育融合案例网站，将各类优秀案例分类上传至网站，方便用户随时随地查阅。在网站上设置用户评论和交流板块，鼓励教师、家长、学生等不同群体分享自己对案例的看法和体会，促进经验交流和思想碰撞。利用社交媒体平台，如微信公众号、微博等，定期发布案例精华内容，吸引更多关注学前教育的人群了解案例。制作生动有趣的案例短视频并展示在短视频平台上，以直观形象的方式展示案例中的教育场景和实践过程，提高案例的传播效果。还可以利用在线教育平台，开设相关的案例分析课程，邀请专家和案例实践者进行线上授课，让更多人能够深入学习案例经验。

第二节 创新教育融合模式的拓展与深化

一、现有教育模式的分析与反思

当前，学前教育融合的教育模式在一定程度上推动了幼儿的全面发展，但深入剖析后不难发现，仍存在诸多亟待解决的问题。

（一）理论与实践脱节

在部分学前教育机构中，课程设置侧重于理论知识的传授，幼儿被动接受大量抽象的概念和知识，却缺乏将这些理论应用于实际生活的机会。例如，在科学教育领域，教师可能会通过讲解和图片展示的方式向幼儿传授植物生长的原理，但很少组织幼儿亲自参与种植、养护植物的实践活动。这使得幼儿虽然能够背诵植物生长需要阳光、水分和土壤等知识点，但在实际面对种植植物的任务时，却不知道如何正确操作，无法将理论知识转化为实际行动，导致幼儿对知识的理解和掌握停留在表面，难以真正培养其解决问题的能力和实践动手能力。

（二）教学方法单一

许多教师在教学过程中主要采用讲授法，以教师为中心，幼儿处于被动接受的地位。在艺术教育课程中，教师可能只是简单地示范绘画技巧或舞蹈动作，然后让幼儿模仿，缺乏启发式、探究式、体验式等多样化教学方法的运用。这种单一的教学方法无法充分激发幼儿的学习兴趣和主动性，限制了幼儿思维能力和创造力的发展。幼儿在这种教学模式下，往往只是机械地模仿教师的行为，缺乏独立思考和自主探索的机会，难以培养其创新精神和实践能力。

（三）实践活动的组织与实施存在不足

一方面，实践活动的内容和形式较为单一，缺乏多样性和创新性。常见的实践活动多为参观博物馆、公园等，活动形式较为固定，缺乏与幼儿兴趣和生活实际紧密结合的特色实践活动。另一方面，实践活动的组织缺乏系统性和连贯性，没有形成完整的实践教学体系。各个实践活动之间缺乏有机联系，无法循序渐进地提升幼儿的实践能力。而且，在实践活动中，对幼儿的指导不够细致和深入，教师往往只是简单地布置任务，没有针对幼儿在实践过程中遇到的问题进行及时有效的指导，导致实践活动的效果大打折扣。

（四）现有教育模式在评价体系方面存在缺陷

现有教育模式过于注重知识和技能的考核，忽视了对幼儿在实践过程中的情感态度、合作能力、创新思维等综合素质的评价。例如，在对幼儿数学能力的评价中，主要以书面测试的成绩来衡量幼儿对数学知识的掌握程度，而忽略了幼儿在日常生活中运用数学知识解决实际问题的能力，以及在数学实践活动中所表现出的探索精神和合作能力等。这种片面的评价体系无法全面、客观地反映幼儿的发展状况，也不利于引导教师改进教学方法和优化教育模式，促进幼儿的全面发展。

二、创新教育模式的构建与实践

（一）以实践为基础的创新模式

以实践为基础的学前教育创新模式，其构建原则紧紧围绕幼儿的身心发展规律和认知特点；强调幼儿的主体地位，尊重每个幼儿的独特兴趣和发展需求，将幼儿的生活经验作为教育的重要资源，让教育活动源于生活又回归生活；注重教育的综合性和趣味性，打破学科界限，整合各领域的知识和技能，通过丰富多彩、生动有趣的实践活动，激发幼儿的学习兴趣和主动性，培养幼儿的综合素养和解决实际问题的能力。

在课程设计方面，充分体现实践性和体验性。例如，设计"小小城市建设"主题课程，幼儿在课程中扮演城市规划师、建筑师、交通管理员等角色，通过搭建积木、绘制地图、角色扮演等实践活动，了解城市的基本构成、功能分区以及交通规则等知识。在搭建积木的过程中，幼儿需要运用数学知识来计算积木的数量和搭建的高度，从而锻炼了空间想象能力和动手操作能力；在绘制地图时，幼儿需要观察周围环境，运用美术技能进行创作，从而培养了观察力和艺术表现力；在角色扮演中，幼儿需要与同伴进行沟通协作，学会遵守规则，从而提高了语言表达能力和社会交往能力。这样的课程设计将知识的学习融入具体的实践活动中，让幼儿在亲身体验中获得全面发展。

在实施策略上，教师作为引导者和支持者，要为幼儿提供丰富的实践材料和充足的实践时间。例如，在"小小城市建设"课程实施过程中，教师要准备各种各样的积木、拼图、彩纸、画笔等材料，满足幼儿不同的创作需求。教师还要鼓励幼儿自主探索和发现问题，当幼儿在搭建过程中遇到困难时，不要直接给出答案，而要通过提问、引导思考等方式，启发幼儿自己寻找解决问题的方法。组织小组合作活动，让幼儿在与同伴的交流合作中，学会分享、倾听和互相学习，共同完成实践任务，培养幼儿的团队合作精神和社会

交往能力。同时，注重对幼儿实践过程的观察和记录，及时了解幼儿的发展状况和学习需求，为后续的教育教学活动提供依据。

（二）产教融合创新实践教学模式

学前教育专业群产教融合创新实践教学模式有着坚实的理论框架。从教育学理论角度来看，它遵循教育的基本规律，以培养全面发展的幼儿教师为目标，注重学生在教育教学过程中的主体地位，关注学生的个体差异，因材施教，致力于提高教育教学质量。职业教育理论为该模式提供了实践路径，强调以培养学生的实际操作能力和专业技能为核心，紧密结合学前教育行业的发展需求，构建以实践能力为导向的教育体系，使学生能够更好地适应未来的职业岗位。产业发展趋势则为产教融合提供了现实依据，随着学前教育行业对高素质、创新型人才需求的不断增加，产教融合创新实践教学模式能够及时调整教育内容和方法，培养出符合市场需求的学前教育专业人才。

1. 加强校企合作

学校与幼儿园、早教机构等学前教育相关企业建立紧密的合作关系，共同制定人才培养方案。企业参与学校的课程设置、教学内容制定以及教学评价等环节，将行业的最新理念、技术和实践经验引入教学。学校选派学生到企业进行实习实训，让学生在真实的工作环境中锻炼自己的实践能力，了解行业的实际需求。例如，学校与当地知名幼儿园合作，建立实习实训基地，定期安排学生到幼儿园进行实习。在实习过程中，学生跟随幼儿园教师参与日常教学活动、班级管理以及幼儿保育等工作，通过实践操作，提高自己的教育教学技能水平和实际工作能力。同时，幼儿园教师也会对学生的实习表现进行评价和指导，为学生提供宝贵的实践经验和职业发展建议。

2. 实施双师型师资建设

一方面，学校加强对现有教师的培训，鼓励教师到企业挂职锻炼，了解行业动态，提高实践教学能力。另一方面，学校从企业聘请具有丰富实践经验的专业人员担任兼职教师，充实师资队伍。例如，学校每年选派一定数量的教师到幼儿园进行为期半年的挂职锻炼，教师在幼儿园参与教学管理、课程研发等工作，将企业的实践经验带回学校，应用到教学中。同时，聘请幼儿园的骨干教师、园长等担任兼职教师，为学生开设专题讲座、指导实习实训等,让学生能够接触到行业一线的专业知识和实践经验。

3. 校企共建课程,推进产学研一体化进程

学校与企业共同开发符合行业需求的课程,将企业的实际项目和案例融入课程教学中。双方还可以合作开展科研项目,共同探索学前教育领域的前沿问题,推动科研成果的转化和应用。例如,学校与早教机构合作开发"幼儿早期教育课程设计与实践"课程,课程内容紧密结合早教机构的实际教学需求,以真实的教学项目为载体,让学生在课程学习中掌握幼儿早期教育的课程设计方法和实践教学技能。同时,学校与企业共同开展关于幼儿多元智能发展的科研项目,通过对幼儿的观察和研究,探索更有效的教育方法和策略,并将科研成果应用到实际教学中,提高学前教育的质量和水平。

三、教育模式深化的策略与建议

(一)加强师资队伍建设

一方面,加大对学前教育教师的培训力度,拓宽培训渠道和内容。定期组织教师参加专业培训课程,邀请教育专家、行业精英进行授课,内容涵盖教育理念更新、实践教学方法创新、幼儿心理发展研究等方面。鼓励教师参加学术研讨会和经验交流会,与同行分享教学心得,学习先进的教育模式和教学技巧。另一方面,建立教师激励机制,对在实践教学中表现突出、积极探索创新教育模式的教师给予表彰和奖励,包括物质奖励和职业发展机会的倾斜,激发教师的积极性和创造性,促使他们主动投入教育模式的创新与深化中。

(二)整合教育资源,为创新教育模式提供有力支持

加强学前教育机构与家庭、社区以及其他社会资源的合作。与家庭密切沟通,了解幼儿的家庭背景和成长环境,邀请家长参与幼儿园的教育活动,如家长志愿者服务、亲子教育活动等,形成家园教育合力。充分利用社区资源,开展社区实践活动,如参观社区图书馆、博物馆、消防局等,让幼儿在真实的社会环境中学习和成长。积极与企业、社会组织合作,引入专业的教育资源和技术支持,如与科技企业合作开展幼儿科技教育活动,为幼儿提供更丰富多样的学习体验,丰富创新教育模式的实践内容。

（三）完善评价机制，引导创新教育模式的正确发展方向

建立多元化的评价体系，改变以往单一的以知识技能考核为主的评价方式。除了关注幼儿的知识掌握和技能发展外，更加注重对幼儿在实践活动中的表现进行评价，包括幼儿的实践动手能力、创新思维能力、问题解决能力、团队合作能力以及情感态度等方面。采用多样化的评价方法，如教师观察记录、幼儿作品评价、同伴互评、家长评价等，全面、客观地了解幼儿的发展状况。将评价结果及时反馈给教师和家长，为教师调整教学策略、优化教育模式提供依据，同时也让家长了解幼儿的学习情况，共同促进幼儿的全面发展。通过完善评价机制，引导学前教育融合的创新教育模式朝着更加科学、全面、有利于幼儿发展的方向深化发展。

第三节 家园社协同教育融合的优化与升级

一、协同育人模式的理论基础与发展趋势

（一）生态系统理论

家园社协同育人模式有着深厚的理论根基，生态系统理论便是其中之一。该理论由布朗芬布伦纳提出，强调个体的发展是多种因素共同作用的结果，人与环境之间存在着复杂的互动关系。在学前教育领域，可将幼儿的成长环境看作一个生态系统，家庭是幼儿生活的首要微系统，对幼儿的情感、认知和行为发展起着直接且关键的影响。幼儿在家庭中通过与父母等家庭成员的日常互动，逐渐形成基本的生活习惯、情感认知和行为模式。社区为幼儿提供了更为广泛的社会文化背景，是一个中系统环境，幼儿在社区中参与各种活动，与不同的人交往，学习和适应社会规则，拓宽社会认知。幼儿园作为专业的教育机构，在这个生态系统中扮演着重要角色，通过系统的教育教学活动，促进幼儿知识与技能的发展。家园社三方协同合作，能够为幼儿构建一个丰富且相互关联的教育支持系统，使幼儿在多方面的积极影响下，实现全面发展。

(二)社会学习理论

社会学习理论强调个体通过观察和模仿他人来学习行为，社会交互对个体学习的影响巨大。在幼儿园家园社协同育人模式下，家庭中的父母及其他长辈为幼儿树立了最初的行为榜样，幼儿通过观察和模仿家庭成员的行为，学习语言表达、人际交往等基本技能和道德规范。幼儿园教师则通过专业的引导和教学活动，进行正确的学习方法和行为示范，促进幼儿知识的增加与技能的发展。社区通过组织集体活动和社会实践，为幼儿提供了更多观察和模仿的机会，增强幼儿的社会认知能力。三方的互动与支持，让幼儿能够在更广泛的社会情境中进行模仿、学习和行为调整，从而不断丰富自己的行为模式和认知结构。

协同育人理论主张教育者之间实现互相支持、资源共享和共同目标的达成，这也是家园社协同育人模式的核心理论之一。在家园社协同育人模式中，家庭提供情感支持和早期教育，给予幼儿温暖的情感关怀，为幼儿的身心健康发展奠定基础；幼儿园提供专业的教育资源和方法，依据幼儿的身心发展规律和教育教学理论，设计科学合理的课程和教学活动，帮助幼儿打下良好的知识基础；社区则提供更广泛的社会经验和活动机会，通过开展各类文化活动、社会实践活动等，拓宽幼儿的视野，提升其社会适应能力。三方密切合作，形成强大的教育合力，共同促进幼儿全面、健康的发展。

随着社会的不断发展和教育理念的更新，家园社协同育人模式呈现出一系列新的发展趋势：

在理念方面，将其更加深入地融入教育体系的各个环节，成为学前教育的基本理念和实践准则。社会各界对家园社协同育人的重视程度将不断提高，家庭、幼儿园和社区将更加积极主动地参与协同育人的过程，形成更为紧密的合作关系。各方将更加明确自身在协同育人中的责任和义务，共同致力于为幼儿创造优质的教育环境。

从形式上看，将朝着多元化和个性化方向发展。随着教育科技的飞速发展，信息化手段将在协同育人中发挥更大作用。线上交流平台、教育类App等将成为家园社沟通与合作的重要工具，实现信息的实时传递和资源的共享。家长可以通过手机应用随时了解孩子在幼儿园的学习和生活情况，与教师进行及时沟通；幼儿园可以利用线上平台与社区合作开展各类教育活动，邀请家长和社区成员参与。同时，不同地区、不同家庭背景的幼儿有着不同的发展需求，家园社协同育人模式将更加注重满足这些个性化需求，根据幼儿的兴趣爱好、发展水平等，提供定制化的教育服务和活动。

在机制建设上，政策支持与制度建设将日益完善。国家和地方政府将出台更多有利于家园社协同育人的政策法规，明确各方的权利和义务，规范协同育人的流程和标准，为协同育人提供坚实的政策保障。例如，制定相关法律法规，保障家长参与幼儿园教育活动的权利，规定社区为学前教育提供支持的责任和义务。协同育人平台与服务体系也将不断完善，出现更多专门为家园社协同育人服务的机构和组织，整合各方资源，提供更加全面、专业的服务，进一步提高协同育人的效率和质量。

二、协同育人模式的实践探索与效果分析

（一）实践案例分析

阳光幼儿园开展的"家园社携手同行，阳光娃乐探市井"活动，是家园社协同育人模式在学前教育中的有效实践。在家庭参与方面，家长积极响应幼儿园的号召，全程参与活动。活动前，家长与孩子一起讨论活动计划，引导孩子思考在菜市场中可能会遇到的问题以及如何解决，激发孩子的好奇心和探索欲。在活动过程中，家长陪伴孩子走进菜市场，鼓励孩子自主挑选食材，与商户进行交流，询问价格并完成支付。家长在这个过程中，不仅给予孩子情感上的支持，还引导孩子在实践中学习数学、语言、社交等知识和技能，如帮助孩子计算购买食材的总价、教导孩子如何礼貌地与他人沟通等。活动结束后，家长与孩子一起将购买的食材带回家并烹饪美食，让孩子在家庭生活中进一步巩固在活动中所学到的知识和技能，同时也增进了亲子关系。

在社区资源整合方面，芙蓉菜市场作为社区的重要组成部分，为活动提供了丰富的教育资源。市场管理人员积极配合幼儿园的活动安排，特别开设"食品安全小讲堂"，现场演示农药残留检测流程，通过互动实验引导幼儿建立食品安全意识。市场内的商户也热情参与，耐心地回答孩子们的问题，为孩子们提供了真实的社会交往场景，让孩子们在与商户的交流中锻炼了语言

表达能力和沟通能力。此外，社区还为活动提供了安全保障和场地支持，确保活动能够顺利进行。

幼儿园在此次活动中发挥了引领作用。教师们精心策划活动方案，提前对活动场地进行考察，制定详细的活动流程和安全预案。在活动过程中，教师们分组带领幼儿和家长，引导幼儿观察菜市场中的各种蔬菜、水果、肉类等食材，了解它们的名称、特点和营养价值，丰富幼儿的生活常识。教师们还鼓励幼儿积极参与购买食材的过程，培养幼儿的自主能力和社会交往能力。活动结束后，教师们组织幼儿进行分享交流，引导幼儿回顾活动过程中的所见所闻、所思所感，帮助幼儿梳理和总结经验，提升幼儿的认知能力和表达能力。通过这次活动，幼儿园成功地将家庭和社区资源整合起来，为幼儿创造了一个生动有趣、富有教育意义的学习环境，促进了幼儿的全面发展。

（二）效果评估与反馈

为了全面评估家园社协同育人模式的实施效果，相关学者构建了一套科学合理的效果评价指标体系。该体系从幼儿发展、家庭参与、社区支持以及家园社合作四个维度进行评估。

幼儿发展维度主要关注幼儿在认知、语言、社会交往、情感态度等方面的发展情况，通过定期的观察记录、幼儿作品分析、发展量表测评等方式，了解幼儿在参与协同育人活动后的变化和进步。例如，在阳光幼儿园的活动后，通过观察发现：幼儿在语言表达方面更加自信和流畅，能够清晰地描述自己在菜市场的经历和感受；在社会交往方面，幼儿与同伴、家长和社区人员的互动更加积极主动，学会了分享、合作和尊重他人。

家庭参与维度则评估家长参与幼儿园活动的频率、深度和态度，通过问卷调查、家长访谈等方式，了解家长对协同育人的认识、参与活动的满意度以及在家中对幼儿教育的支持情况。调查结果显示，大部分家长对家园社协同育人模式表示认可和支持，参与活动的积极性较高，并且在活动后更加注重在家中培养幼儿的生活能力和社会交往能力。

社区支持维度主要考察社区为幼儿园提供的资源和服务，以及社区与幼儿园合作开展活动的效果，通过与社区工作人员的交流、对社区活动的观察和评估，了解社区在协同育人中所发挥的作用。例如，菜市场为幼儿园活动提供的食品安全教育资源和真实的生活场景，对幼儿的成长起到了促进作用。

家园社合作维度评估三方在协同育人过程中的沟通、协作和资源整合情况，通过观察三方在活动中的互动、合作项目的实施效果以及信息共享的程度等方面，了解家园社合作的紧密程度和有效性。在阳光幼儿园的活动中，家园社三方密切沟通和协作，实现了教育资源的共享和优化配置。

通过对这些指标的定量和定性分析可知，家园社协同育人模式在促进幼儿全面发展方面取得了显著成效。然而，在实践过程中也存在一些问题，如部分家长由于工作繁忙，参与活动的时间有限；社区资源的整合还不够充分，存在资源闲置和浪费的情况；家园社三方之间的沟通机制还不够完善，信息传递有时不够及时和准确。针对这些问题，可以从以下方面进行改进：幼儿园可以为家长提供更加灵活多样的参与方式，如线上参与、分批次参与等，以满足不同家长的需求；加强与社区的沟通和合作，进一步挖掘和整合社区资源，提高资源的利用效率；建立更加完善的沟通机制，利用信息化手段，如微信群、App等，实现家园社三方信息的实时共享和交流，及时解决协同育人过程中出现的问题，不断优化和升级家园社协同育人模式。

三、协同育人模式的优化策略与保障措施

为了进一步优化家园社协同育人模式，使其能够更好地发挥促进幼儿全面发展的作用，需要采取一系列行之有效的策略。

（一）统一教育理念

组织家园社三方共同参与的教育培训活动，邀请教育专家进行讲座和指导，深入解读先进的教育理念和方法，帮助三方树立正确的儿童观、教育观和价值观。例如，定期举办学前教育专题讲座，围绕幼儿身心发展特点、素质教育的内涵与实施等主题展开，让家长、教师和社区工作人员充分认识到幼儿全面发展的重要性，理解在幼儿成长过程中，品德培养、情感发展、社会交往能力提升与知识技能学习同样重要，从而在教育目标和方法上达成共识，避免教育理念差异导致的教育冲突和无效劳动。

（二）整合教育资源

家庭方面，鼓励家长充分利用家庭中的教育资源，如家庭藏书、亲子游

戏设施等，为幼儿创造良好的家庭学习氛围。家长还可以根据自己的职业特长和兴趣爱好，为幼儿园和社区的教育活动提供支持，如医生家长可以为幼儿开展健康知识讲座、工程师家长可以指导幼儿进行简单的科技制作等。幼儿园要积极整合园内资源，优化课程设置，将家庭和社区中的教育元素融入日常教学。同时，加强与其他幼儿园的交流与合作，实现资源共享。社区应充分挖掘和利用自身的文化、历史、自然等资源，为幼儿提供丰富多样的实践活动场所和机会，如社区图书馆、博物馆、公园等。建立教育资源共享平台，将家庭、幼儿园和社区的教育资源进行整合和分类，方便三方查询和使用，提高资源的利用效率。

（三）加强人员培训

对于教师，定期开展专业培训和教研活动，内容涵盖幼儿心理学、教育学、家园社合作方法等方面，提高教师的教育教学水平和与家长、社区沟通合作的能力。鼓励教师参加各类学术研讨会和培训课程，学习先进的教育理念和方法，并将其应用到实际教学中。对于家长，通过举办家长学校、家庭教育讲座等形式，向家长传授科学的育儿知识和方法，提高家长的家庭教育水平。邀请教育专家和优秀家长分享教育经验，解答家长在教育过程中遇到的问题和困惑。对于社区工作人员，开展学前教育相关知识和技能培训，使他们了解幼儿的身心发展特点和教育需求，从而更好地参与家园社协同育人活动。例如，培训社区工作人员如何组织适合幼儿的文化活动、如何引导幼儿进行社会实践等。

第四节 学前教育融合资源的共享与共建

一、教育资源共享共建的现状与问题

在当前学前教育融合的大背景下，教育资源共享共建已成为推动学前教育发展的重要举措，然而在实际推进过程中面临着一系列亟待解决的问题。

（一）资源分配不均

城乡之间、区域之间的学前教育资源差距显著。在城市地区，尤其是经济发达的大城市，学前教育机构数量相对充足，拥有现代化的教学设施，如多媒体教室、科学实验室、多功能活动室等，还配备了丰富的教育教学资源，包括大量的绘本、玩具、教具以及专业的教育软件等。这些资源能够为幼儿提供多样化的学习体验，促进其全面发展。而在广大农村地区以及经济欠发达地区，学前教育资源则严重匮乏。部分农村幼儿园教室简陋，缺乏基本的教学设备，甚至连桌椅都破旧不堪。玩具和图书数量稀少且种类单一，无法满足幼儿的学习和娱乐需求。专业教师资源也极度短缺，很多农村幼儿园教师一人要承担多个学科的教学任务，且教师的专业素养和教学能力相对较低，严重影响了学前教育的质量。这种资源分配不均的状况，使得不同地区的幼儿在接受学前教育时起点不同，进一步加剧了教育不公平。

（二）共享机制不完善

一方面，学前教育机构之间缺乏有效的资源共享平台和沟通机制。许多幼儿园之间相互独立，信息闭塞，不愿意分享自己的教育资源和教学经验。即使有一些幼儿园愿意共享资源，也缺乏统一的平台和规范的流程，导致资源共享难以实现。例如，一些幼儿园拥有优质的课程资源和教学案例，但由于没有合适的渠道与其他幼儿园交流分享，这些资源只能局限于本园使用，无法发挥更大的价值。另一方面，学前教育机构与家庭、社区之间的资源共享也存在障碍。家庭中蕴含着丰富的教育资源，如家长的职业技能、生活经验、家庭文化等，但由于缺乏有效的沟通和引导，这些资源未能充分融入学前教育。社区同样拥有众多可利用的资源，如社区图书馆、博物馆、公园、文化活动中心等，但幼儿园与社区之间的合作不够紧密，没有形成良好的资源共享模式，导致这些社区资源无法为学前教育所用，造成了资源的浪费。

（三）教育资源的更新和维护不到位

随着时代的发展和教育理念的更新，学前教育资源需要不断更新和优化，以满足幼儿日益增长的学习需求。然而，目前许多学前教育机构对教育资源的更新重视不够，资金投入不足，导致教学设备陈旧老化，教育教学内容和方法落后。一些幼儿园的教材多年未更新，无法反映最新的教育研究成果和社会发展动态。同时，对教育资源的维护也不到位，许多教学设备损坏后得不到及时维修，影响了正常的教学秩序。这些问题严重影响了学前教育融合的教育质量，阻碍了学前教育的发展。

二、教育资源共享共建的模式与实践

（一）集团化办学模式

深圳市南山区沙河幼教集团在实现教育资源共享、优势互补方面取得了显著成效。集团旗下拥有多所幼儿园，通过整合内部资源，构建了一套完善的资源共享体系。在师资资源共享上，集团定期组织教师培训和教研活动，邀请教育专家为集团内所有教师进行集中授课，分享最新的教育理念和教学方法。不同幼儿园的教师之间也会开展定期的交流互访活动，优秀教师会到其他园所进行示范课展示，将自己的教学经验和技巧传授给其他教师，实现了优质师资资源的最大化利用。同时，集团还建立了教师人才库，根据各园所的教学需求灵活调配教师，确保每个园所都能拥有高质量的师资队伍。

在课程资源方面，集团组织专业的课程研发团队，结合各园所的实际情况和幼儿的发展需求，共同开发了一套具有特色的园本课程体系。这套课程体系涵盖了语言、艺术、科学、健康、社会等多个领域，注重培养幼儿的综合素质和创新能力。各园所在使用统一课程体系的基础上，还可以根据自身的特点和优势对课程进行适当的调整和补充，形成个性化的课程内容。例如，某园所在艺术教育方面具有丰富的经验和资源，就可以在集团统一课程的基础上增加更多的艺术创作和欣赏课程，打造具有艺术特色的园所文化。通过课程资源的共享，各园所避免了重复研发课程的人力、物力浪费，同时也保证了课程的质量和规范性。

教学设施设备的共享也是集团化办学的一大优势。集团根据各园所的规模和教学需求，合理配置教学设施设备。一些大型的、昂贵的教学设备，如多媒体教学系统、科学实验器材等，由集团统一采购和调配，各园所可以根据教学计划预约使用。这样既提高了教学设施设备的利用率，又降低了各园所的采购成本。此外，集团还建立了共享的教学资源库，收集了大量的优质教学课件、教案、教学视频等资料，供各园所教师随时下载和使用，为教师的教学工作提供了便利。

通过集团化办学模式，深圳市南山区沙河幼教集团实现了资源的优化配置和共享，各园所在教学质量、师资队伍建设、课程研发等方面都取得了显著的提升。各园所之间相互学习、相互促进，形成了良好的发展氛围，为学前教育融合提供了有力的支持，也为其他学前教育机构提供了可借鉴的经验。

（二）校-园合作模式

雪门学前教育学院在推动学前教育融合的过程中，积极与中职学校、幼儿园开展合作，共建实践教学基地，走出了一条具有特色的校-园合作之路。

在与中职学校的合作中，雪门学前教育学院充分发挥自身在专业理论和教育研究方面的优势，为中职学校提供师资培训和课程指导。学院定期组织专家团队到中职学校开展讲座和培训活动，帮助中职学校教师更新教育理念，提升专业素养。同时，学院与中职学校共同制定人才培养方案，根据市场需求和行业发展趋势调整课程设置，确保培养出的学前教育专业人才能够适应社会的需求。例如，针对当前学前教育领域对幼儿艺术教育和科学教育人才的需求增加，学院与中职学校合作，在课程中增加了幼儿艺术教育、幼儿科学实验等相关课程，并共同编写了配套教材。这种合作方式提高了中职学校学前教育专业的教学质量，为幼儿园输送了更多高素质的专业人才。

在与幼儿园的合作方面，雪门学前教育学院将幼儿园作为实践教学基地，为学生提供了丰富的实践机会。学院定期安排学生到幼儿园进行实习实训，让学生在真实的教学环境中锻炼自己的教育教学能力。在实习过程中，幼儿园为学生配备了经验丰富的指导教师，对学生的教学实践进行一对一的指导。学生通过参与幼儿园的日常教学活动、班级管理、幼儿保育等工作，不仅将所学的理论知识应用到实践中，还积累了丰富的实践经验，提高了自己的职业技能水平。同时，学院的教师也会定期到幼儿园进行调研和指导，了解幼儿园的教学需求和行业动态，将这些信息反馈到教学中，不断优化教学内容和方法。

此外，雪门学前教育学院与幼儿园还开展了产学研合作项目。双方共同开展教育教学研究，探索学前教育领域的新方法、新模式。例如，针对幼儿自主游戏的开展问题，学院与幼儿园合作进行了深入的研究，通过观察幼儿在游戏中的行为表现，分析游戏对幼儿发展的影响，提出了一系列促进幼儿自主游戏的策略和方法，并将研究成果应用到幼儿园的教学实践中，取得了良好的效果。同时，双方还合作开发了一些具有创新性的教育教学产品，如幼儿教育游戏软件、亲子教育活动方案等，这些产品不仅丰富了幼儿园的教学资源，也为学院的科研成果转化提供了渠道。

通过与中职学校、幼儿园的合作共建实践教学基地，雪门学前教育学院实现了人才培养、教学实践、科学研究与行业需求的紧密结合，为学前教育融合资源的共享与共建提供了成功范例，有力地推动了学前教育专业人才的培养和学前教育事业的发展。

三、教育资源共享共建的机制与保障

（一）建立资源共享平台

借助现代信息技术，搭建线上线下相结合的学前教育资源共享平台。线上平台可设置课程资源库、教学案例库、师资培训资源库等多个板块。课程资源库收录各类优质的学前教育课程，包括课程设计方案、教学课件、教学视频等，供教师下载和参考，丰富教学内容和形式。教学案例库收集整理不同类型的教学案例，涵盖教学过程中的成功经验和遇到的问题及解决方法，为教师提供教学实践的借鉴。师资培训资源库提供专业的培训课程、讲座视频等，方便教师自主学习和提升专业素养。线下则可定期举办教育资源交流活动，如教育教学成果展示会、教育资源拍卖会等，让学前教育机构之间能够面对面地交流和分享资源，促进资源的优化配置。

（二）完善合作机制

建立学前教育机构之间的合作联盟，制定合作章程，明确各方的权利和义务。在合作联盟中，各机构定期召开联席会议，共同商讨资源共享共建的计划和措施，解决合作过程中出现的问题。建立家园社合作机制，加强学前教育机构与家庭、社区的沟通与合作。学前教育机构定期组织家长开放日、亲子活动等，让家长了解教育教学情况，参与教育过程，同时收集家长的意见和建议，整合家庭中的教育资源。与社区建立长期合作关系，共同开展社会实践活动，利用社区的文化、历史、自然等资源，丰富学前教育的实践内

容。例如，与社区图书馆合作开展阅读活动，与社区博物馆合作开展文化教育活动等。

第五节 学前教育融合文化的培育与发展

一、教育文化培育的内涵与意义

学前教育与实践教育文化是一种独特的教育文化形态，它深深扎根于学前教育领域，以幼儿的全面发展为核心目标，将实践教育理念全方位融入教育教学的各个环节。这种教育文化强调幼儿在实践活动中的主体地位，通过丰富多彩、生动有趣的实践活动，如手工制作、角色扮演、科学小实验、户外探索等，让幼儿在亲身体验中学习知识、锻炼技能、培养情感和塑造价值观。它注重培养幼儿的实践能力、创新思维、问题解决能力以及社会交往能力，使幼儿在实践中不断探索世界、认识自我，形成积极向上的学习态度和生活态度。

培育学前教育与实践教育文化，对幼儿成长和教育发展具有不可估量的重要意义。从幼儿成长角度来看，实践教育文化为幼儿提供了一个充满活力和探索机会的学习环境。在这样的环境中，幼儿能够充分发挥自己的想象力和创造力，通过实践活动将抽象的知识转化为具体的经验，从而更好地理解和掌握知识。例如，在进行"小小建筑师"实践活动时，幼儿需要运用数学知识来计算积木的数量和搭建的高度，运用空间想象力来设计建筑结构，通过与同伴的合作来完成搭建任务。在这个过程中，幼儿不仅提高了数学和空间认知能力，还锻炼了团队合作能力和沟通能力，培养了创新精神和解决问题的能力。实践教育文化还有助于幼儿形成良好的品德和价值观。在实践活动中，幼儿通过与他人的互动和合作，学会了分享、互助、尊重和责任，这些品德和价值观将伴随他们一生，对他们的未来发展产生积极影响。

从教育发展角度而言，培育学前教育与实践教育文化是推动学前教育改革和创新的重要动力。传统的学前教育往往侧重于知识的灌输，忽视了幼儿的实践能力和综合素质的培养。而实践教育文化的兴起，促使教育者转变教育观念，关注幼儿的兴趣和需求，采用更加灵活多样的教学方法和手段，注重培养幼儿的实践能力和创新精神。这种教育观念的转变，有助于打破传统教育的束缚，推动学前教育向更加科学、合理、符合幼儿身心发展规律的方向发展。学前教育与实践教育文化的培育也有助于促进教育资源的整合和优化。它鼓励学前教育机构与家庭、社区以及其他社会资源建立紧密的合作关系，共同为幼儿提供丰富多样的实践教育机会和资源，实现教育资源的共享和互补，提高教育质量和效益。

二、教育文化发展的策略与实践

（一）课程文化建设

课程文化建设是培育学前教育与实践教育文化的核心内容之一。通过开发特色课程，能够将实践教育理念融入课程体系，为幼儿提供更加丰富多样、富有特色的学习体验。在开发特色课程时，应充分考虑幼儿的兴趣爱好、年龄特点和生活经验，结合当地的文化资源和社会环境，打造具有地域特色和文化内涵的课程。

某幼儿园开发的"民俗文化体验课程"，紧密围绕当地的民俗文化，如传统节日、民间艺术、民俗手工艺等，设计了一系列生动有趣的教学活动。例如，在春节期间，组织幼儿开展"欢乐春节"主题活动，通过制作春联、剪窗花、包汤圆、舞龙舞狮等活动，让幼儿了解春节的传统习俗和文化内涵，感受节日的欢乐氛围。在民间艺术方面，邀请民间艺人走进幼儿园，为幼儿传授剪纸、面塑、皮影制作等技艺，让幼儿亲身参与民间艺术的创作过程，培养幼儿对民间艺术的兴趣和热爱，传承和弘扬中华优秀传统文化。在课程实施过程中，注重以幼儿为中心，采用多样化的教学方法和手段，激发幼儿的学习积极性和主动性。例如，通过故事讲述、游戏活动、实地参观等方式，让幼儿在轻松愉快的氛围中学习和体验民俗文化，提高幼儿的认知能力、动手能力和社会交往能力。

开展课程实践活动是课程文化建设的重要环节。通过课程实践活动，能够让幼儿将所学的知识和技能应用到实际生活中，加深对知识的理解和掌握，

培养幼儿的实践能力和创新精神。例如，在某幼儿园开展的"小小农场主"课程实践活动中，幼儿在教师的带领下来到幼儿园的种植园，亲自参与蔬菜、水果的种植和养护过程。在种植过程中，幼儿需要了解植物的生长习性、种植方法和养护技巧，运用数学知识计算种子的数量、肥料的用量等，同时还需要与同伴合作，共同完成种植任务。通过这样的实践活动，幼儿不仅学到了丰富的农业知识和技能，还锻炼了动手能力、观察能力、合作能力和解决问题的能力，培养了对大自然的热爱和对劳动的尊重。

（二）教师文化建设

教师是学前教育与实践教育文化的传播者和践行者，加强教师文化建设，营造积极向上的教师文化氛围，对于培育学前教育与实践教育文化具有重要意义。

加强教师培训是提升教师专业素养和教育教学能力的关键。定期组织教师参加各类培训活动，包括教育理念培训、教学方法培训、实践技能培训等，帮助教师更新教育观念，掌握先进的教育教学方法和技术。邀请教育专家、学者来园开展讲座和培训，分享最新的教育研究成果和实践经验，拓宽教师的视野和思路。鼓励教师参加学术研讨会、教学观摩活动等，与同行交流学习，不断提高自身的专业水平。例如，组织教师参加学前教育实践教学研讨会，让教师在研讨会上分享自己在融合实践教学中的经验和困惑，学习其他教师的优秀教学案例和创新教学方法，促进教师之间的相互学习和共同成长。

开展教学研究是推动教师专业发展的重要途径。鼓励教师积极参与教学研究活动，结合教学实践中的问题和需求，开展课题研究、教学反思、案例分析等活动，探索适合幼儿发展的教育教学模式和方法。建立教学研究制度，为教师提供必要的研究支持和资源保障，如设立教学研究基金、提供研究设备和资料等。定期组织教学研究成果交流活动，展示教师的研究成果，推广优秀的教学经验和方法，激发教师的研究热情和创新精神。例如，某幼儿园开展"基于实践教育的幼儿园课程改革研究"课题，教师们通过深入研究和实践探索，提出了一系列创新的课程理念和教学方法，并将研究成果应用到实际教学中，取得了良好的教学效果。同时，通过课题研究，教师们的专业素养和研究能力也得到了显著提升。

在教师团队中，营造积极向上的文化氛围至关重要。建立和谐融洽的同事关系，倡导团队合作精神，鼓励教师之间相互支持、相互帮助、相互学习。开展丰富多彩的教师文化活动，如教师节庆祝活动、教师运动会、教师才艺展示等，增强教师的归属感和凝聚力。对在教育教学工作中表现突出、积极践行实践教育文化的教师进行表彰和奖励，发挥榜样的示范引领作用，激励更多教师积极投身于学前教育与实践教育文化的培育和发展中。

三、教育文化传承与创新的路径

传承优秀教育文化是培育和发展学前教育与实践教育文化的重要基础。深入挖掘传统教育文化中的精华，如《三字经》《百家姓》《千字文》等蒙学经典，这些经典蕴含着丰富的道德教育、知识启蒙和文化传承内容，通过朗朗上口的韵文形式，向幼儿传授基本的道德规范、历史知识、生活常识等，对幼儿的品德修养和文化素养的培养具有重要意义。将这些传统教育资源与现代学前教育实践相结合，创新教育形式和内容，使其适应现代幼儿的学习需求和特点。例如，将传统蒙学经典改编成生动有趣的绘本、动画、儿歌等，让幼儿在轻松愉快的氛围中学习和传承传统文化。

在传承优秀教育文化的同时，还需结合时代发展需求进行创新，推动学前教育文化的发展。随着信息技术的飞速发展，数字化教育资源在学前教育中的应用越来越广泛。利用多媒体技术、互联网技术等，开发具有创新性的教育产品和教学活动，如互动式电子绘本、在线教育游戏、虚拟现实教学体验等，丰富学前教育的教学手段和形式，激发幼儿的学习兴趣和探索欲望。关注社会热点问题和幼儿的生活实际，将环保、科技、健康等主题融入教育教学中，培养幼儿的社会责任感和现代意识。例如，开展"环保小卫士"主题活动，让幼儿了解环境污染的危害和环保的重要性，通过垃圾分类、节约能源等实践活动，培养幼儿的环保意识和行为习惯。鼓励教师和幼儿在教育教学过程中进行创新实践，探索新的教学方法、课程模式和活动形式，形成具有特色的学前教育文化。

第七章
学前教育融合的未来趋势与创新方向

第一节　新技术赋能学前教育融合的发展前景

一、智能教学系统的应用与展望

（一）智能教学系统在个性化教育中的作用

在学前教育融合中，每个幼儿都是独一无二的个体，他们有着不同的学习风格、兴趣爱好和发展需求。智能教学系统的出现，为满足这些个性化需求提供了有力支持。通过大数据分析、人工智能等技术，智能教学系统能够实时收集和分析幼儿的学习数据，包括学习进度、答题情况、注意力集中程度等，从而精准把握每个幼儿的学习状态和特点。

以某款人工智能（AI）学能提升机器人为例，它能够根据幼儿的认知水平和学习能力，为其量身定制个性化的学习计划。当幼儿使用该机器人进行学习时，机器人会通过语音交互、图像识别等技术与幼儿进行互动，了解幼儿的学习需求和兴趣点。比如，在语言学习方面，如果机器人检测到某个幼儿在词汇掌握上存在困难，它会自动调整教学内容，增加相关词汇的学习和练习，并采用游戏化的方式，如单词拼图、词汇抢答等，激发幼儿的学习兴趣，帮助其更好地掌握词汇。在数学学习中，机器人会根据幼儿的计算能力和思维水平，提供适合其难度的数学题目，并在幼儿答题过程中给予实时反馈和指导。如果幼儿回答正确，机器人会给予鼓励和奖励，增强幼儿的自信心；如果回答错误，机器人会耐心地讲解解题思路，引导幼儿找到正确答案。

此外，智能教学系统还可以根据幼儿的兴趣爱好，推荐个性化的学习资源。例如，如果某个幼儿对自然科学表现出浓厚的兴趣，系统会为其推荐相关的科普视频、绘本、实验活动等，满足幼儿的求知欲，促进其在感兴趣领域的深入学习和发展。通过这种个性化的教育方式，智能教学系统能够更好地激发幼儿的学习潜能，提高学习效果，让每个幼儿都能在适合自己的学习节奏中茁壮成长。

（二）智能教学系统在学前教育融合中的实践成效

众多实践案例充分证明了智能教学系统在学前教育融合中取得的显著成效。某学前教育融合机构引入了一套智能教学管理系统，该系统整合了教学资源管理、幼儿学习评估、个性化教学计划制订等功能。教师通过该系统可以实时记录幼儿的学习情况，包括课堂表现、作业完成情况、测试成绩等。系统会根据这些数据，运用数据分析算法，对幼儿的学习能力、知识掌握程度进行全面评估，并为每个幼儿生成详细的学习报告。

根据学习报告，教师能够清晰地了解每个幼儿的优势和不足，从而有针对性地调整教学策略。对于学习进度较快的幼儿，教师可以为其提供更具挑战性的学习任务，拓展其知识视野；对于学习困难的幼儿，教师可以根据系统提供的建议，为其制订个性化的辅导计划，加强基础知识的巩固和学习方法的指导。经过一段时间的实践，该机构的教学效果得到了显著提升。幼儿的学习积极性明显提高，课堂参与度大幅增加，学习成绩也有了显著进步。同时，特殊幼儿在智能系统的辅助下，能够更好地融入集体教学活动，他们的社交能力、沟通能力和自信心都得到了有效提升。

（三）智能教学系统面临的挑战与应对策略

尽管智能教学系统在学前教育融合中展现出了巨大的潜力和广阔的应用前景，但在实际推广和应用过程中面临着一些挑战。

技术成本是一个重要问题。智能教学系统的研发、采购和维护需要投入大量的资金，包括硬件设备的购置、软件系统的开发和升级、技术人员的培训等。一些经济条件相对落后的地区和学前教育机构难以承担如此高昂的技术成本，这在一定程度上限制了智能教学系统的普及和应用。

教师对新技术的适应和应用能力也是一个挑战。智能教学系统的使用需

要教师具备一定的信息技术素养和操作技能,包括熟练运用系统进行教学资源的整合、教学计划的制订和教学过程的管理等。然而,目前部分教师对新技术的接受程度较低,缺乏相关的培训和实践经验,在使用智能教学系统时可能会遇到各种困难,影响教学效果。

此外,智能教学系统生成的大量数据涉及幼儿的个人隐私和学习信息,如何确保这些数据的安全也是一个亟待解决的问题。如果数据泄露,可能会对幼儿和家庭造成不良影响。

针对这些挑战,需要采取一系列应对策略。政府和教育部门应加大对学前教育融合技术应用的支持力度,设立专项基金,为经济困难地区和学前教育机构提供技术设备和资金支持,降低其技术成本。同时,鼓励企业和科研机构开展技术创新,研发成本更低、性能更优的智能教学系统。

加强教师培训是提高教师对新技术应用能力的关键。教育部门和学前教育机构应定期组织教师参加信息技术培训,邀请专家和技术人员进行讲座和实操指导,帮助教师掌握智能教学系统的使用方法和技巧,提升教师的信息技术素养和教学能力。同时,开展教师之间的经验交流和分享活动,促进教师之间的相互学习和共同进步。

在数据安全和隐私保护方面,智能教学系统的开发者和运营者应建立完善的数据安全管理体系,采用先进的数据加密技术、访问控制技术和备份恢复技术,确保数据的安全性和完整性。同时,制定严格的数据使用规范和隐私政策,明确数据的收集、存储、使用和共享范围,未经授权不得将幼儿数据用于其他商业目的。教育部门和相关监管机构应加强对智能教学系统数据安全的监管,定期进行安全检查和评估,对违规行为进行严肃处理,保障幼儿的合法权益。

二、虚拟现实(VR)与增强现实(AR)技术的沉浸式学习体验

(一)VR/AR 技术在学前教育融合中的独特优势

VR与AR技术以其独特的沉浸式和互动式体验,为学前教育带来了前所未有的变革,在学前教育融合中具有显著的优势。

VR 技术能够为幼儿创造出高度仿真的虚拟环境,让幼儿身临其境般地感

受各种场景。例如，在探索自然科学领域时，幼儿可以借助 VR 设备"置身"于热带雨林中，近距离观察各种珍稀动植物，感受大自然的神奇与美妙；在历史文化学习中，幼儿可以穿越时空，回到古代，参观古老的建筑、参与传统的节日庆典，亲身体验历史文化的魅力。这种沉浸式的学习方式，能够极大地激发幼儿的好奇心和探索欲望，使他们更加主动地参与学习活动。

AR 技术则将虚拟信息与现实世界相结合，为幼儿提供了更加丰富、生动的学习体验。通过 AR 技术，幼儿可以在现实场景中看到虚拟的动画、模型等，实现虚实互动。比如，在学习动物知识时，幼儿用手机或平板扫描动物卡片，卡片上的动物就会以三维立体的形式出现在眼前，还能发出叫声、做出各种动作，幼儿可以通过触摸、旋转等操作与动物进行互动，更直观地了解动物的外形特征和生活习性。这种互动式的学习方式，能够增强幼儿的学习兴趣和参与度，提高学习效果。

对于特殊幼儿来说，VR/AR 技术的优势更为突出。对于视力障碍幼儿，经过特殊设计的 VR 设备可以将视觉信息转化为触觉或听觉信息，帮助他们感知周围的世界；对于孤独症幼儿，VR/AR 技术提供的沉浸式和结构化的学习环境，有助于他们集中注意力，减少外界干扰，提高学习效率。同时，这些技术还可以帮助特殊幼儿进行社交技能训练，通过虚拟场景中的互动，让他们学习如何与他人沟通、合作和分享，促进其社交能力的发展。

（二）成功案例分析

某幼儿园针对不同年龄段幼儿的认知特点和发展需求，设计了一系列丰富多彩的 VR 课程。在小班的认知课程中，教师利用 VR 设备让幼儿体验"水果乐园"的场景，幼儿可以在虚拟环境中看到各种各样的水果，通过触摸、采摘等互动操作，感受水果的形状、颜色和质地，同时还能听到水果的名称和相关介绍，帮助幼儿快速认识各种水果。在中班的科学探索课程中，幼儿借助 VR 设备"走进"了太空，观察太阳系的八大行星，了解它们的运行轨道和特点，激发了对科学的浓厚兴趣。对于大班的幼儿，教师则通过 VR 技术开展了历史文化课程，让幼儿穿越到古代的城市，参观古老的宫殿、街道和集市，了解古代人们的生活方式和文化传统，拓宽了幼儿的视野。

在开展 VR 课程后，通过对幼儿的学习效果进行评估发现，幼儿的学习

积极性和参与度明显提高。在课堂上，幼儿们表现出了极高的兴趣和专注度，主动参与互动的次数显著增加。通过问卷调查和家长反馈得知，幼儿对所学知识的理解和记忆更加深刻，能够更好地将所学知识应用到实际生活中。例如，在学习了水果知识后，幼儿在日常生活中能够准确地识别各种水果，并向家长讲述水果的特点；在学习了太空知识后，幼儿对天文现象产生了浓厚的兴趣，经常主动询问家长关于宇宙的问题。

此外，VR课程对特殊幼儿的教育融合也取得了良好的效果。有一名孤独症幼儿，在参与VR课程之前对周围的事物缺乏兴趣，很少主动与他人交流。在参与了一段时间的VR课程后，他逐渐被虚拟环境中的有趣内容所吸引，开始主动与教师和同伴交流自己在VR世界中的发现。通过VR课程中的社交互动环节，他的社交能力得到了一定的锻炼，能够更好地理解他人的意图和情感，与同伴之间的关系也变得更加融洽。

（三）推广应用的问题与解决路径

尽管VR/AR技术在学前教育融合中具有巨大的潜力，但在推广应用过程中仍面临一些问题。

技术设备成本较高是一个主要问题。高质量的VR/AR设备价格相对昂贵，包括VR头盔、AR眼镜、配套的硬件设施以及软件资源等，这对于一些资金有限的学前教育机构来说是一笔不小的开支，限制了技术的普及和应用。

内容资源的开发和适配也是一个挑战。目前，适合学前教育融合的VR/AR内容资源相对匮乏，且存在内容质量参差不齐、与教学大纲不匹配等问题。开发高质量、符合幼儿认知特点和教育需求的VR/AR内容需要投入大量的人力、物力和财力，同时还需要教育专家、技术人员和教师的密切合作。

此外，幼儿使用VR/AR设备的安全性和健康问题也备受关注。长时间佩戴VR设备可能会导致幼儿眼睛疲劳、头晕等不适症状，对幼儿的身体健康造成潜在影响。因此，需要制定相关的使用规范和安全标准，确保幼儿在使用过程中的安全和健康。

为了解决这些问题，需要多方共同努力。政府和教育部门应加大对学前教育融合中VR/AR技术应用的支持力度，通过财政补贴、项目资助等方式，降低学前教育机构购置技术设备的成本。同时，鼓励和引导企业、科研机构加大对 VR/AR 教育内容资源的开发投入，建立优质内容资源共享平台，促进资源的流通和利用。

学前教育机构应加强教师培训，提高教师对 VR/AR 技术的应用能力和教学水平。教师需要了解 VR/AR 技术的基本原理和操作方法，将技术与教学内容有机结合，设计出符合幼儿学习需求的教学活动。此外，教育机构还应制定合理的 VR/AR 设备使用制度，控制幼儿的使用时间和频率，保障幼儿的安全和健康。

行业协会和标准化组织应制定 VR/AR 技术在学前教育融合中的应用标准和规范，包括设备的安全标准、内容资源的质量标准等，引导技术的健康发展。同时，加强对 VR/AR 技术在学前教育融合中应用效果的研究和评估，为技术的优化和改进提供科学依据。

三、大数据技术驱动教育决策与评估

（一）大数据在学前教育融合中的数据收集与分析功能

在学前教育融合中，大数据技术能够实现对幼儿多维度数据的全面收集与深度分析。收集数据的途径丰富多样，可借助智能穿戴设备、学习终端、教学管理系统等工具，获取幼儿在学习、生活和社交等方面的信息。例如，智能手环可以实时记录幼儿的运动步数、心率、睡眠质量等生理数据，这些数据能够反映幼儿的身体健康状况和日常活动量。在学习过程中，利用平板电脑等学习终端，能够收集幼儿的学习行为数据，包括点击屏幕的次数、学习时间的长短、对不同学习内容的关注度等，从而了解幼儿的学习兴趣和学习习惯。在课堂上，教师可以通过教学管理系统记录幼儿的参与度、回答问题的情况、与同伴的互动频率等，以此评估幼儿的学习态度和社交能力。

在数据收集的基础上，运用先进的数据分析方法对这些海量数据进行挖掘和分析。通过数据挖掘技术，可以从大量的数据中发现潜在的模式和规律。比如，通过对幼儿学习成绩数据的挖掘，分析出不同幼儿在不同学科领域的学习优势和薄弱环节，以及学习成绩与学习时间、学习方法之间的关系。利用机器学习算法，可以对幼儿的发展状况进行预测和评估。例如，建立幼儿语言发展模型，根据幼儿的日常语言表达数据预测其语言能力的发展趋势，

及时发现可能存在语言发展障碍的幼儿,并为其提供针对性的干预措施。此外,还可以运用聚类分析方法,将具有相似学习特点和发展水平的幼儿归为一类,为制定个性化的教育方案提供依据。

(二)基于大数据的教育决策优化

大数据分析结果为学前教育融合的决策提供了科学依据,能够有效优化教育策略和资源分配。

在教育策略方面,教师可以根据大数据分析结果,调整教学内容和教学方法,满足不同幼儿的学习需求。例如,如果数据分析显示某个班级的幼儿在数学运算方面普遍存在困难,教师可以增加相关的教学时间,设计更多针对性的练习活动,并采用多样化的教学方法,如游戏、故事等,帮助幼儿理解数学概念,提高运算能力。对于学习进度较快的幼儿,教师可以提供更具挑战性的学习任务,拓展他们的知识领域,激发他们的学习潜力。

在资源分配方面,大数据能够帮助教育管理者合理配置教育资源,提高资源利用效率。通过分析不同地区、不同幼儿园的幼儿数量、发展需求以及教育资源现状,教育管理者可以精准地分配师资力量、教学设备和教材等资源。比如,对于特殊幼儿较多的幼儿园,增加特殊教育教师的配备,提供更多适合特殊幼儿的康复训练设备和教育资源。同时,根据幼儿的兴趣和发展需求,合理分配各类教育活动的资源,如增加艺术、体育等特色课程的资源投入,满足幼儿的多元化发展需求。

以某地区的学前教育融合资源调配为例:通过大数据分析发现,部分幼儿园的特殊教育资源闲置,而另外的幼儿园则存在资源短缺的情况。基于此,教育部门重新调整了特殊教育资源的分配方案,将闲置的资源调配到资源短缺的幼儿园,实现了资源的优化配置。经过一段时间的实践,该地区特殊幼儿的教育质量得到了显著提升,教育融合的效果更加明显。

(三)数据安全与隐私保护问题

在大数据技术广泛应用于学前教育融合的过程中,数据安全与隐私保护至关重要,它关系到幼儿和家庭的合法权益,也影响着大数据技术在教育领域的可持续发展。

幼儿的个人数据包含大量敏感信息,如姓名、年龄、家庭住址、健康状况、学习成绩等，一旦这些数据被泄露或滥用，可能会给幼儿和家庭带来严重的负面影响，如隐私泄露导致的心理伤害、个人信息被用于商业营销等。因此，必须采取严格的数据安全和隐私保护措施，确保数据的安全性和保密性。

首先，在技术层面，采用先进的数据加密技术对收集到的数据进行加密处理，确保数据在传输和存储过程中的安全性。例如，使用 SSL/TLS 加密协议对数据传输进行加密，防止数据被窃取或篡改；采用 AES 等加密算法对存储的数据进行加密，只有授权用户才能解密访问数据。同时，建立完善的数据备份和恢复机制，定期对数据进行备份，防止数据丢失。在数据访问权限管理方面，严格限制数据的访问范围，根据不同的角色和职责，为教师、教育管理者、家长等分配不同的访问权限。例如，教师只能访问自己所教班级幼儿的相关数据，且只能进行教学相关的操作；教育管理者可以访问一定范围内的教育数据，但对于敏感信息的修改权限应受到严格限制；家长只能访问自己孩子的个人数据。

其次，在制度层面，制定完善的数据安全管理制度和隐私保护政策。明确数据收集、存储、使用、共享和销毁的规范和流程，确保数据处理的每一个环节都有章可循。加强对数据处理人员的培训和管理，提高他们的数据安全意识和责任意识，防止因人为因素导致数据泄露。同时，建立数据安全监督机制，定期对数据安全状况进行检查和评估，及时发现和解决潜在的数据安全问题。

最后，需要加强法律法规的建设和监管力度，明确数据安全和隐私保护的法律责任，对违规行为进行严厉打击，为学前教育融合中的数据安全和隐私保护提供法律保障。

第二节 国际化视野下学前教育融合的经验借鉴

在全球化进程日益加速的当下，世界各国之间的联系愈发紧密，不同文化、教育理念与实践方法相互交流与碰撞。学前教育作为终身学习的开端，

对个体的认知、情感、社会交往等方面的发展具有奠基性作用。国际化视野下的学前教育，不再局限于本土的教育模式与内容，而是积极吸收与借鉴国际先进经验，推动学前教育理论与实践的创新发展，以培养具有全球视野、跨文化交流能力以及适应未来社会多元化需求的儿童。因此，对国际上学前教育先进实践案例的剖析，提取可借鉴的经验，能够为我国学前教育的改革与发展提供有益的参考，促进我国学前教育质量的提升，更好地实现学前教育的现代化与国际化。

一、国际化视野下学前教育的理论基础

（一）多元文化教育理论

多元文化教育理论强调尊重和包容不同文化背景儿童的差异，认为教育应当为所有儿童提供平等的学习机会，无论其种族、民族、性别、宗教信仰等。该理论主张将多元文化内容融入课程与教学中，使儿童在学习过程中了解、欣赏并尊重不同文化，培养他们的跨文化意识与能力。例如，在课程设置上引入不同国家的传统故事、艺术形式、风俗习惯等内容，让儿童通过亲身体验与学习认识到世界文化的丰富性与多样性，避免文化偏见与歧视的产生，为其未来在多元文化社会中和谐共处奠定基础。

（二）建构主义学习理论

建构主义学习理论认为，儿童是知识的主动建构者，他们在与环境的互动中通过自身已有的经验和认知结构，对新信息进行加工和理解，从而构建新的知识体系。在国际化视野下的学前教育实践中，这一理论为创设丰富多样的学习环境提供了依据。例如，幼儿园可以设置模拟不同国家生活场景的区域，如在"小小联合国"游戏中，儿童扮演不同国家的角色，通过游戏互动，主动探索和了解不同国家的文化、生活方式等知识，这种基于体验与实践的学习方式，有助于儿童更深入地理解和掌握知识，同时也培养了他们的自主学习能力与问题解决能力。

（三）社会学习理论

社会学习理论强调儿童通过观察、模仿和替代强化来学习社会行为和知

识。在学前教育国际化的背景下，该理论对于儿童跨文化交流能力的培养具有重要的指导意义。例如，幼儿园邀请不同文化背景的人士走进课堂，儿童观察他们的言行举止、穿着打扮、交流方式等，并进行模仿学习，从而了解不同文化的特点。同时，教师对儿童积极的跨文化交流行为给予及时肯定与鼓励，通过替代强化，促使更多儿童学习和模仿这些积极行为，逐渐提升儿童的跨文化交流能力与社会交往能力。

二、国际上学前教育融合案例分析

（一）芬兰学前教育：注重儿童自主学习与个性化发展

芬兰的学前教育在全球享有盛誉，其教育理念强调以儿童为中心，注重培养儿童的自主学习能力与个性化发展。在课程设置上，芬兰学前教育没有统一的教材，而是依据儿童的兴趣和需求制订灵活多样的学习计划。例如，教师会根据儿童对自然科学的兴趣组织户外探索活动，让儿童在森林、公园等自然环境中观察动植物、探索自然现象，通过亲身体验学习科学知识，培养观察力和探索精神。在教学方法上，采用小组合作学习与个别指导相结合的方式，尊重每个儿童的学习节奏和特点，鼓励儿童积极表达自己的想法和观点，教师则作为引导者和支持者，帮助儿童解决学习过程中遇到的问题，促进儿童的全面发展。这种教育模式培养出的儿童具有较强的自主学习能力、创新思维和良好的社会交往能力，为其后续学习和生活奠定了坚实基础。

（二）美国学前教育：强调多元文化融合与实践能力培养

美国是一个多元文化的国家，其学前教育非常注重多元文化的融合。在环境创设方面，幼儿园会布置展示不同国家文化特色的图片、手工艺品、书籍等，营造浓厚的多元文化氛围。课程内容涵盖世界各地的文化习俗、历史故事、语言等，通过音乐、舞蹈、戏剧等多种形式让儿童感受和体验多元文化。例如，在庆祝国际节日时，组织儿童制作不同国家的传统美食、穿着特色服饰表演节目，让儿童在欢乐的氛围中了解不同国家的文化。同时，美国学前教育重视实践能力的培养，设置大量的实践活动区域，如木工坊、科学实验室、烹饪区等，儿童在这些区域中通过实际操作，锻炼动手能力、解决问题的能力和创造力。此外，美国幼儿园还积极与社区合作，开展实地参观、志愿者服务等活动，让儿童接触真实的社会环境，增强社会认知与适应能力。

（三）日本学前教育：重视培养儿童的社会情感与团队合作精神

日本学前教育以培养儿童良好的社会情感和团队合作精神为特色，在日常教育中注重培养儿童的礼仪、自律、责任感等品质。例如，通过开展"生活课程"，让儿童参与班级的日常管理，如整理玩具、打扫卫生、分发餐具等，培养他们的责任感和自理能力。在游戏活动中，强调团队合作，经常组织一些需要小组协作完成的游戏，如接力比赛、搭建大型积木等，让儿童在游戏过程中学会与他人沟通协作、互相帮助，体会团队合作的重要性。同时，日本幼儿园注重培养儿童的挫折承受能力，在遇到困难和失败时，鼓励儿童勇敢面对，引导他们从失败中汲取经验教训，培养坚韧不拔的意志品质。这种教育方式使得日本儿童在进入小学后能够迅速适应学校生活，与同学建立良好的关系，具备较强的社会适应能力。

三、国际化视野下学前教育融合的经验借鉴

（一）课程设置与实施方面

1. 融入多元文化内容

借鉴国际经验，在学前教育课程中增加多元文化内容。编写专门的多元文化教材，涵盖世界各国的地理、历史、文化、艺术等方面的基础知识，以生动有趣、符合幼儿认知水平的方式呈现，如绘本、儿歌、动画等形式。同时，将多元文化内容渗透到语言、艺术、科学、健康等各个领域的课程教学中。例如，在语言教学中，教授一些简单的外语词汇和日常用语，讲述不同国家的民间故事；在艺术教学中，引导儿童欣赏不同国家的绘画、音乐、舞蹈作品，并尝试模仿创作；在科学教学中，介绍不同国家在科技发展方面的成就等。通过多领域的融合教学，让儿童全面了解多元文化，拓宽国际视野。

2. 注重课程的综合性与实践性

打破学科界限，设计综合性课程主题，将多个学科知识有机融合在一个主题活动中。例如，以"环游世界"为主题开展一系列活动，包括认识世界地图（科学领域）、了解不同国家的标志性建筑并进行手工制作（艺术领域）、学习不同国家的问候语并进行简单交流（语言领域）、品尝不同国家的特色美

食（健康领域）等。同时，增加实践活动在课程中的比重，创设各种实践场景，如模拟国际超市、国际文化节等，让儿童在实践中运用所学知识，提高解决实际问题的能力和社会交往能力。此外，加强与社区、家庭的合作，充分利用社区资源和家庭中的多元文化元素开展课外实践活动，如参观当地的国际文化展览、邀请家长分享自己的文化背景和生活经历等，丰富儿童的学习体验。

（二）教学方法与手段方面

1. 采用探究式、体验式教学方法

借鉴国外先进的教学方法，鼓励儿童通过自主探究和亲身体验来学习知识。教师创设问题情境，引导儿童提出问题、思考问题，并通过观察、实验、调查等方式寻找答案。例如，在学习植物生长时，教师带领儿童在幼儿园的种植园里亲手种植植物，观察植物的生长过程，记录植物的变化，儿童在这个过程中积极探索，主动获取知识，培养了观察力、思考力和实践能力。同时，利用VR、AR等现代技术手段，为儿童创造沉浸式的学习体验。例如，通过 VR 技术让儿童身临其境地感受不同国家的自然风光、文化景观等，增强学习的趣味性和吸引力。

2. 运用多样化的教学手段促进跨文化交流

为促进儿童的跨文化交流，采用多样化的教学手段。开展国际交流项目，与国外幼儿园建立友好合作关系，通过视频连线、交换生等形式，让儿童与国外同龄人进行互动交流，分享各自的生活、学习和文化。例如，定期组织线上的"国际小伙伴交流日"活动，儿童在活动中展示自己的绘画作品、表演节目，互相介绍自己国家的风俗习惯，增进彼此的了解和友谊。同时，利用互联网资源，为儿童提供丰富的国际教育素材，如国际知名的儿童教育网站、在线图书馆等，让儿童接触到更多的国际教育信息，拓宽学习渠道。

（三）师资队伍建设方面

1. 提升教师的国际化素养

加强对学前教育教师的国际化培训，定期组织教师参加国际教育研讨会、学术交流活动，了解国际学前教育的最新发展动态和先进理念。邀请国内外专家学者开展专题讲座和培训课程，内容涵盖多元文化教育、国际教育课程

设计与实施、跨文化交流技巧等方面,提升教师的国际化知识储备和教育教学能力。鼓励教师到国外幼儿园进行观摩学习和实践锻炼,亲身体验国外的教育教学模式,将所学经验应用到实际教学中。

2. 培养教师的跨文化教育能力

开展针对教师的跨文化教育能力培训,帮助教师理解不同文化背景下儿童的学习特点和需求,掌握跨文化教育的方法和策略。培训内容包括文化差异分析、跨文化沟通技巧、多元文化课程设计与实施等方面。通过案例分析、角色扮演、小组讨论等形式,让教师在实践中提高跨文化教育能力。例如,组织教师进行跨文化教育案例分析活动,教师通过分析实际教学中遇到的跨文化问题,共同探讨解决方案,总结经验教训,不断提升自身的跨文化教育水平。同时,建立教师之间的跨文化教育交流平台,鼓励教师分享自己在教学中的经验和心得,互相学习,共同进步。

(四)教育评价方面

1. 建立多元化的教育评价体系

改变传统单一的以知识掌握为主要评价标准的教育评价体系,建立多元化的评价体系。评价内容不仅包括儿童的知识技能发展,还包括儿童的情感态度、社会交往能力、跨文化意识与能力等方面的发展。采用多种评价方法,如观察记录、成长档案袋、作品展示、家长评价、同伴评价等,全面、客观地评价儿童的发展情况。例如,教师通过日常观察记录儿童在跨文化交流活动中的表现,包括与同伴的合作情况、对不同文化的理解和尊重程度等;为每个儿童建立成长档案袋,收集儿童在学习过程中的作品、照片、视频等资料,记录儿童的成长轨迹;定期组织作品展示活动,让儿童展示自己在多元文化学习中的成果,如绘画作品、手工作品、故事讲述等,并邀请家长和同伴进行评价。

2. 注重过程性评价

强调教育评价的过程性,关注儿童在学习过程中的发展变化。教师在日常教学中持续观察儿童的学习行为和表现,及时给予反馈和指导。例如,在开展多元文化主题活动时,教师观察儿童在活动中的参与度、兴趣点、遇到的问题及解决问题的方式等,根据观察结果调整教学策略,为儿童提供个性化的支持和帮助。同时，鼓励儿童积极参与自我评价和同伴评价，通过自我评价，儿童能够更好地认识自己的优点和不足，明确努力的方向；同伴评价则有助于儿童学会欣赏他人、互相学习，培养良好的社会交往能力和合作精神。通过过程性评价，及时发现儿童在国际化视野下学前教育融合过程中的问题和进步，为教育教学的改进提供依据，促进儿童的持续发展。

在国际化视野下，学前教育融合是培养全体儿童健康快乐成长，并具有全球视野、跨文化交流能力和适应未来社会发展需求的儿童必然的选择。通过对国际上学前教育先进实践案例的分析，我们从课程设置与实施、教学方法与手段、师资队伍建设以及教育评价等方面总结出了一系列可借鉴的经验。然而，在借鉴国际经验的过程中，我们需要结合我国的国情和文化传统，对这些经验进行本土化改造和创新应用，探索适合我国学前教育融合发展的道路。同时，政府、教育部门、幼儿园、家庭和社会应共同努力，为学前教育的国际化发展创造良好的环境和条件，推动我国学前教育质量的不断提升，为全体儿童的未来发展奠定坚实的基础。

第三节　学前教育融合可持续发展的路径探索

一、学前教育融合可持续发展的内涵与意义

（一）内涵

学前教育融合的可持续发展，是指在学前教育过程中，将实践活动与教育教学内容有机结合，并确保这种融合能够长期、稳定、健康地发展。它强调在尊重儿童身心发展规律的基础上，通过不断优化教育资源配置、创新教育模式与方法、完善教育评价体系等，实现学前教育融合在不同儿童、不同阶段、不同环境下的持续推进。这种发展不仅关注当下儿童实践能力与综合素质的提升，更着眼于未来学前教育事业的长远发展，形成一套自我完善、自我革新的发展机制。

(二)意义

从儿童发展角度来看，学前教育融合的可持续发展能够为儿童提供丰富多样的实践机会，让儿童在实践中探索世界、积累经验、培养创新思维与解决问题的能力，为其终身发展奠定坚实基础。通过持续的实践教育融合，儿童能够更好地适应未来社会的多元化需求，提升社会竞争力。

对于学前教育事业而言，可持续发展路径有助于整合各方资源，促进教育公平，缩小城乡、区域之间学前教育发展差距。同时，推动学前教育不断创新，使其紧跟时代发展步伐，提升整体教育质量，增强学前教育的社会影响力与吸引力，促进学前教育行业的繁荣发展。

从社会层面来讲，培养具备实践能力与创新精神的儿童，能够为社会输送高素质的未来人才，推动社会经济的可持续发展，促进社会的和谐稳定与进步。

二、学前教育融合可持续发展的路径探索

(一)整合社会资源，拓展实践空间

积极整合社会各界资源，拓展学前教育实践空间。加强与社区、企业、高校、博物馆、科技馆等单位的合作，建立实践教育基地。社区可以为幼儿园提供户外活动场地、自然环境资源等；企业可以开放生产车间、工作场所，让儿童了解不同职业和工作流程；高校可以提供专业的实验室和师资支持；博物馆、科技馆等文化场所可以为儿童开展科普教育、文化体验等实践活动。通过整合社会资源，丰富实践教学内容和形式，为学前教育融合的可持续发展提供更广阔的平台。

(二)加强师资队伍建设，提升实践教学能力

1. 完善职前培养体系

在学前教育专业高校课程设置中，加大实践教学课程比重，增加特殊儿童教育理论与实践模块，培养出来的学生综合性与应用性更强。开设专门的特殊教育课程，如特殊儿童心理学、特殊儿童个性化方案设计、特殊儿童教育学等，培养学生的综合教学能力。同时，加强与幼儿园的合作，建立稳定的实习基地，让学生有充足的时间和机会参与幼儿园的实践教学活动，积累

实践经验。此外，邀请一线优秀幼儿教师和实践教学专家走进高校课堂，开展讲座和实践指导，让学生了解最新的实践教学动态和方法，提升专业素养。

2. 强化职后培训与教研

建立完善的幼儿教师职后培训体系，定期组织教师参加实践教学专题培训。培训内容涵盖实践教学理论、实践活动设计、实践技能提升等方面，采用专家讲座、案例分析、工作坊、观摩学习等多种形式，提高培训的针对性和实效性。鼓励教师开展实践教学研究，成立实践教学研究小组，围绕实践教学中的问题开展课题研究，探索有效的教学方法和策略。通过培训与教研相结合，不断提升教师的实践教学能力和专业水平，为学前教育融合的可持续发展提供人才保障。

（三）构建科学的课程与教学体系，推动深度融合

1. 优化课程设计

以儿童发展为中心，构建系统、科学的学前教育课程体系，明确实践教学在课程中的地位和目标。在实践教学中融合特殊教育理念，将实践教学内容与理论教学有机融合，根据儿童的年龄特点和发展需求，设计主题式、项目式实践课程。例如，围绕"探索自然"主题，开展种植、养殖、户外观察等实践活动，让儿童在实践中学习科学知识、培养观察能力和探究精神；以"小小建筑师"项目为载体，组织儿童进行积木搭建、模型制作等实践活动，锻炼儿童的动手能力、空间思维能力和团队合作能力。同时，注重课程的连续性和层次性，确保实践教学在不同年龄段的儿童教学中有序推进。

2. 创新教学方法

转变传统的教学观念，采用多样化的教学方法，激发儿童的学习兴趣和主动性。在实践教学中，推广探究式、体验式、合作式教学方法。教师创设问题情境，引导儿童自主探究、发现问题、解决问题；让儿童通过亲身体验，感受实践活动的乐趣和价值；组织儿童开展小组合作活动，培养儿童的团队合作精神和沟通能力。例如，在科学实验活动中，教师提出问题后，让儿童分组进行实验设计、操作和观察，最后共同讨论得出结论。此外，充分利用现代信息技术，开发数字化实践教学资源，如虚拟实验、互动游戏等，丰富教学形式，提高教学效果。

（四）健全家园社协同合作机制，凝聚教育合力

1. 加强家园沟通与合作

幼儿园应建立常态化的家园沟通机制，通过家长会、家访、家长学校、微信公众号、家园联系册等多种方式，及时向家长宣传学前教育融合的重要意义和教育理念，介绍幼儿园开展的实践教学活动内容和目标，提高家长的认识和理解。邀请家长参与幼儿园的实践教学活动，如亲子实践活动、家长助教等，让家长亲身体验实践教学的过程，增强家长对教育的参与感和认同感。同时，鼓励家长在家庭中引导儿童开展实践活动，如家庭小实验、手工制作、家务劳动等，形成家园教育合力。

2. 深化社园合作

幼儿园与社区、企业、社会组织等建立长期稳定的合作关系，制订合作计划和实施方案。社区可以协助幼儿园开展社会实践活动，如组织儿童参观社区文化场所、参与社区志愿服务等；企业可以为幼儿园提供实践教学资源和就业指导，开展职业体验活动；社会组织可以为幼儿园提供专业的课程和培训支持，如艺术培训、科普讲座等。通过深化社园合作，充分发挥各方优势，共同推动学前教育与实践融合的可持续发展。

参考文献

[1] 陈毅.融合教育背景下幼儿园班主任开展特殊儿童教育工作的实践研究[J].世界儿童，2023（11）：105-107.

[2] 范艳.基于儿童视角的幼儿园主题活动优化策略研究[J].智力，2024（3）：71-74.

[3] 高春玲，陈晓蕾.学前融合教育理论与实践[M].重庆：重庆大学出版社，2022.

[4] 高恩胜，肖芙蓉.学前教育政策与法规[M].武汉：华中科技大学出版社，2022.

[5] 何玲.游戏活动的幼儿园学前教育教学对策[J].中文科技期刊数据库（全文版）教育科学，2023（7）：115-118.

[6] 胡亚娜.幼儿园教育中的儿童心理发展特点[J].优格，2024（10）：16.

[7] 黄丽静，朱敬.学前融合教育制度化的逻辑、困境与出路[J].中国特殊教育，2024（1）：11-16，48.

[8] 吉舒悦.融合教育视角下特殊儿童教育问题及建议[J].优格，2024（8）：74-76.

[9] 李敏谊.试析美国幼儿教育课程模式的理论流派及其启示[J].比较教育研究，2007（11）：69-74.

[10] 李盼.创新素养发展视域下幼儿园课程评价实践策略[J].孩子，2024（3）：38-40.

[11] 李尚卫.我国学前融合教育模式的反思与展望[J].幼儿教育，2023（C6）：78-83.

[12] 李淑慧.幼儿园区域活动中存在的问题及改进策略研究[J].名师在

线（中英文），2024（11）：38-40.

［13］李晓敏.学前教育班级管理策略初探［J］.孩子，2023（31）：132-134.

［14］李雪.试论幼儿园教师专业发展及其推动策略［J］.好家长，2024（20）：60-61.

［15］李燕燕.学前融合教育政策实践研究：以上海市为例［D］.上海：华东师范大学，2023.

［16］刘丽娟.基于人力资源的保育员梯队管理创新与实践［J］.销售与管理，2024（9）：93-95.

［17］刘梦凯.基于《家庭教育促进法》的幼儿园深化家园合作的路径研究［D］.贵阳：贵州师范大学，2023.

［18］卢亚娜."互联网+"背景下的家园共育策略探究［J］.成功，2024（11）：88-90.

［19］路娟.学前教育理论及应用实践研究［M］.北京：首都师范大学出版社，2023.

［20］马丹.阐述家庭与幼儿园合作教育的模式［J］.孩子，2023（17）：22-24.

［21］马洁，王厚红.新中国成立以来我国学前教育政策的历史嬗变与思考［J］.教育导刊，2024（5）：12-20.

［22］玛日央.浅谈幼儿园环境创设对幼儿成长的影响［J］.传奇故事，2024（6）：63-64.

［23］缪雯洁.融合教育理念下幼儿园随班就读开展分析［J］.智慧少年，2024（15）：188-190.

［24］彭峰.融合教育下学前特殊儿童教育策略分析［J］.考试周刊，2023（35）：14-17.

［25］彭晶.协同学理论视阈下幼儿园与社区协同共育研究［D］.南充：西华师范大学，2023.

［26］任凤冠.幼小衔接教学策略研究［J］.世界儿童，2024（3）：4-6.